Cinema for Spanish Conversation

Mary McVey Gill

Deana Smalley
Notre Dame de Namur University

Maria Paz Haro
Stanford University

Focus Publishing / R. Pullins Co.
Newburyport, MA

Book Team:

Melissa Massello, *Production Editor*
Linda Robertson, *Designer*

TABLE OF CONTENTS

---

1 This film takes place in Guatemala and in Los Angeles. The main characters are Guatemalan.

Spain

PREFACE

Why a Spanish Conversation Book Based on Cinema?

There are many reasons:

~ Movies appeal to students of all ages.

~ There have been numerous studies showing that authentic language is the best "comprehensible input." Cinema offers natural language in context.

~ Movies provide a context in history and culture, as well as language, on which a course can build.

~ Videos and DVDs (rented or bought) are highly versatile teaching tools. Students can watch them in or out of class. Instructors can use film clips in class or include them on exams. DVDs can also be programmed.

~ The eighteen movies in this book present a wide variety of themes, genres, and cultural experiences.

Students who watch the movies chosen for this book will learn not only about "Big C" culture (e.g., the Mexican Revolution in *Como agua para chocolate*, life in Castro's Cuba in *Fresa y chocolate*, or the Spanish Civil War in *¡Ay, Carmela!*). They will also see daily-life culture in a wide variety of settings. How do people in the Hispanic world eat, cook, travel, play, get married, raise their children, spend their free time? What non-verbal communication do they use, how much distance is normal between people in different situations, how do they greet each other or express affection? It's impossible to watch these movies and *not* learn about culture through this engaging medium.

Choice of Films

Choosing the films was extremely difficult, since there is such a tremendous variety of wonderful movies in Spanish. The movies were chosen for quality, cultural and historical content, and appeal to students; however, the choice also depended heavily on availability. Many excellent films are simply too hard to get in the United States or Canada. We did not choose films primarily to have a balance in countries of origin. Spain and Argentina are overrepresented simply because they have very highly developed cinematic industries with a long history of production and excellent distributing and market- ing so that the films reach a global audience. Difficulty was another factor: some films are simply too complicated to be used successfully or the pronunciation is hard to understand. Another important cri- terion was that we did not want to expose students to excessive violence, and a large number of very high-quality films were excluded because of this factor. We did include some films that are R-rated for language and/or sex. See the chart following the preface for ratings and other information about each film. If R-rated movies are not appropriate for your students, these can simply be excluded.

Organization of the Book and Teaching Suggestions

The book requires students to have intermediate Spanish skills and can be used most successfully at high intermediate or advanced levels. It can be a primary or secondary text for a course. Subtitles can provide flexibility—they should be used unless the students are advanced. As with any real world experience, students will not understand every word—a certain tolerance of ambiguity must be cultivated—but they will be highly motivated to understand material that they know was created for native speakers of Spanish. While students will not all be able to spend time in a Spanish-speaking country, they can travel through the eyes of filmmakers to many different parts of the world. We expect that this highly motivating context will work well for students wherever the book is used, especially in classes where listening comprehension and conversation are emphasized.

Following are suggestions for each section of any chapter:

Preparación

Vocabulario preliminar

These sections are optional and can be done in class or assigned as homework. With some exceptions, the words on the lists occur at least twice in the film and often three or more times. Words that students may need to discuss the film but that were not actually used in the movie itself are glossed later on if necessary. The first section of exercises was designed to give students key words and expressions they will need to understand and talk about the movie. The second section, which they will encounter after they have seen the film, features thematic vocabulary, including regionalisms, that are useful for further discussion. We did not include vulgar words or expressions, in general; you can explain these at your discretion.

Antes de ver la película

In most cases, these previewing exercises can be done in pairs or groups as well as with the whole class. The exercise called **Los personajes** should be read before the film is viewed but completed afterwards.

Investigación

These topics can be assigned to individuals or groups rather than to the whole class. Students can report back with just a few sentences or with a more in-depth answer, depending on the time available and the language level of the students. Students using the Internet should be able to find information on the topics readily.

Exploración

Ideally, the students should read this section over before seeing the film to help them prepare for it. The exercises here are designed to get them to explore the basic content and plot of the movie.

Análisis y contraste cultural

Vocabulario

Again, these sections are optional and can be done in class or assigned as homework. See the information under **Vocabulario preliminar**.

Notas culturales

These notes are included to provide information that may be helpful in understanding the film. Students can read them on their own.

Temas de conversación o de composición

As the title implies, these topics can be explored orally and/or assigned as short compositions. They can be done with the entire class or in groups or pairs. The questions in parentheses can be augmented or changed as the instructor chooses. These topics are optional and not all of them have to be covered.

Una escena memorable

Students can discuss or write about the scenes depicted, depending on the goals of the course.

Hablan los personajes

These can be covered quickly, with students giving short answers about who is quoted and in what context, or they can be explored in depth. Instructors may choose to ask further questions about the quotations and get students to elaborate on how they reflect the character in general or how they relate to the themes of the movie.

Hablando de la cultura

This section refers to a cultural point that is included in the film and it generally poses a question about cultural content or about how the movie would be different if it were from an English-speaking country. Instructors may want to elaborate on these points or ask students what other cultural differences they noticed in the film.

Hablan los críticos y los directores

These optional sections feature quotations from the directors of the films or from critics. Students can answer the questions included for them or they can simply comment on whether they agree or disagree with the quotations and why.

Ideas for Additional Activities

Here are some ideas for activities that can be done with the films (as a class or in pairs or groups), depending on the goals of your course:

~ Students tell what the movie would be like if it had been made in Hollywood. What things would be different? Or, if there is a Hollywood film with a similar plot, ask students if they've seen it and have them make comparisons.

~ Students invent an alternative ending. (If you show the film in class, you could also stop the film partway through and have students guess the ending, writing it down without telling anyone else. Then ask for alternatives after the film has been viewed.)

~ Students tell what the characters would be doing five (ten, twenty) years later.

~ They write an epitaph, eulogy, or obituary for one of the characters.

~ They write a CV, personals ad, or want ad for one of the characters.

~ They write a review of the film.

~ They compare films with other movies in Spanish (for instance, by the same director or on the same theme). They can rent and view other films on their own for extra credit. They can also write summaries or reviews of these or make a short oral report to the class.

~ Students create questions they would ask of a specific character.

~ They decide on the best gift for a certain character and tell why.

~ They write an ad promoting the film.

~ They write a diary entry for one of the characters.

~ A variation on **Hablan los personajes**: Write quotations from the movie on slips of paper in two parts. (For instance, **Se puede simplemente no estar muerto… / …sin estar tampoco vivo.**) Students circulate around the room and try to find their partner, the person who has the other half of the quotation. They stand together, read the quotation aloud, and tell who said it, to whom, and/ or in what situation.

~ They play Twenty Questions: someone pretends to be one of the characters and the others ask yes/ no questions until they guess correctly (or until twenty questions have been asked).

~ Students write a question about the film (that they can answer) on a piece of paper. They get up and find another student to talk to and ask their question. After answering, the other student asks his or her question. The first student answers. (They help each other if necessary.) Students trade slips of paper and repeat the process with the new questions and new partners. Tell them to continue for a certain period of time or until they have asked and answered at least six questions.

Here are some ideas for activities that can be done after students have seen several films:

~ Students write about or discuss the riskiest situation, the happiest moment, the worst decision, the most ethical choice, etc.

~ They create and give a prize to the best actor/actress, best film, best script, most interesting plot, best music, and so forth.

~ Students compare specific characters. How are they similar and how are they different? Which character is the most admirable? Evil? Memorable?, etc. Which character would they most like to meet?

~ Students choose a scene from one of the films and a character from another film. How would the character react in this situation?

~ If vocabulary is an important part of the course, students can review: give them a list of categories (e.g., things to eat, places, things to wear, feelings, etc.) Then give them words orally and have them put the words into the appropriate categories.

~ Students compare language used in two or more films; for instance, the use of **tú** vs. **usted** or the level of formality of the language in general.

Instructor's Manual

The instructor's manual includes:
1. an answer key for all exercises except the open-ended activities.
2. specific ideas for extra activities

Web Site

The Focus web site includes pages for this book. On the web pages are names and addresses of places to obtain the films and links to other sites of interest. www.pullins.com/txt/spanish.htm

Acknowledgments

We would like to express sincere gratitude to our publisher, Ron Pullins, for his creativity, advice, support, and flexibility; this book would not have been possible without him. Thanks also to others at Focus Publishing/R. Pullins Company: Leslie Powell, marketing manager; Melissa Massello, production editor, and Cynthia Zawalich, editorial assistant. It is truly a joy to work with the people at Focus! Thanks to Linda Robertson of Robertson Design for her excellent work on the composition of the book.

Sincere appreciation to Naldo Lombardi of Mount Royal Academy for reading the entire manuscript and offering countless suggestions and superb advice. We would like to thank Anne-Christine Rice, author of Cinema for French Conversation, for her insights and assistance in the initial stages of the project. Thanks to Jorge Ruffinelli of Stanford University for his advice about Latin American film. Finally, we owe a debt of gratitude to the following reviewers, whose comments (both positive and critical) helped us in the shaping of this project:

Sara E. Cooper of California State University at Chico
Hélène Laroche Davis of Notre Dame de Namur University
Marvin D'Lugo of Clark University
Anthony L. Geist of the University of Washington, Seattle
Pamela Hill of The Hockaday School, Dallas, Texas
Jeff Kirkman of Rutgers Preparatory School
Johanna Damgaard Liander of Harvard University
Antonio Losada of Rio Americano High School, Sacramento, California
Cristina Martínez-Carazo of the University of California at Davis

A Final Word about these Eighteen Films

¡Diviértanse!   (Enjoy!)

M.M.G.
D.S.
M.-P.H.

ABOUT THE FILMS

Spanish Title	English Title	Country	Date	Genre	Length	Rating
¡Ay, Carmela!	no English title	Spain/Italy	1990	drama/war	102 min.	PG-13
Belle Epoque	no English title	Spain/Portugal/ France	1992	comedy/ romance	109 min.	R
Caballos salvajes	*Wild Horses*	Argentina	1995	drama	132 min.	unrated
Como agua para chocolate	*Like Water for Chocolate*	Mexico	1992	drama/ romance	105 min.	R
Danzón	no English title	Mexico/Spain	1991	drama/ romance	120 min.	PG-13
De eso no se habla	*I Don't Want to Talk About It*	Argentina	1993	comedy/ drama	102 min.	PG-13
Fresa y chocolate	*Strawberry & Chocolate*	Cuba/Mexico/ Spain	1993	dramatic comedy	104 min.	R
Guantanamera	no English title	Cuba/Germany/ Spain	1995	comedy	104 min.	unrated
Hombres armados	*Men with Guns*	US	1997	drama	128 min.	R
La ciudad y los perros	*The City and the Dogs*	Peru	1985	drama	135 min.	unrated
La historia oficial	*The Official Story*	Argentina	drama	1985	112 min.	R
Mujeres al borde de un ataque de nervios	*Women on the Verge of a Nervous Breakdown*	Spain	1988	comedy/ drama	90 min.	R
El norte	no English title	UK/USA	1983	drama	139 min.*	R
Nueba Yol	no English title	Dominican Republic	1996	comedy	104 min.	PG-13
Técnicas de duelo	*Details of a Duel*	Colombia/Cuba	1988	comedy	97 min.	unrated
Todo sobre mi madre	*All About My Mother*	Spain/France	1999	comedy/ drama	102 min.	R
Todos somos estrellas	*We Are All Stars*	Peru	1993	comedy	88 min.	PG-13
Un lugar en el mundo	*A Place in the World*	Argentina/ Spain/Uruguay	1992	drama	120 min.	PG

---

* Part I (50 min.), Part II (38 min.), Part III (53 min.)

VOCABULARIO PARA HABLAR DEL CINE

Cognados

actuar, la actuación	el/la director(a)	el/la protagonista
la cámara	la escena	el punto de vista
el cine erótico	el/la espectador(a)	la secuencia
el cine de guerra (*war*) o de violencia	filmar, la filmación, el filme	el suspense
el cine de humor	la imagen	el tema
el cine político	el/la productor(a)	los títulos de crédito
la comedia musical		

Otras palabras

el/la artista de cine	*movie actor (actress)*
el/la cineasta	*filmmaker*
el cortometraje, el largometraje	*short (film), feature or full-length film*
doblar, el doblaje	*to dub, dubbing*
el elen	*cocast*
el encuadre	*framing (of a shot)*
el/la estrella de cine	*movie star*
estrenarse (una película)	*to premiere*
el guión, el/la guionista	*script, scriptwriter*
interpretar un papel, el/la intérprete	*to play a role, person who plays a role*
la pantalla	*screen*
la película	*film*
los personajes secundarios	*minor or less important characters*
la puesta en escena	*staging, production*
el/la realizador(a)	*director*
el reparto	*cast*
rodar, el rodaje	*to film, shoot (a film); filming*
el sonido	*sound*
la toma	*shot, take*
la voz en off	*voice-over*

PHOTO CREDITS

CAPÍTULO 1

Hombres armados

Presentación de la película: El doctor Humberto Fuentes es un hombre mayor que vive y trabaja en una ciudad grande. Dice que su «legado» *(legacy)* al mundo es el trabajo que ha hecho para la Alianza para el Progreso; hace años entrenó a un grupo de estudiantes de medicina del programa. Sus estudiantes fueron al campo a trabajar entre la gente más pobre del país. El doctor no sabe mucho del mundo, fuera del círculo de gente que conoce en la capital. Cuando muere su esposa, decide empezar una búsqueda de sus estudiantes y de su «legado».

*John Sayles, el director, guionista y editor de la película, es un estadounidense de Schenectady, Nueva York. Es autor de novelas, cuentos, obras teatrales y guiones cinematográficos. Después de escribir varios guiones, en 1978 pudo hacer su primera película, *Return of the Secaucus Seven*, con solamente $60.000.

*Sayles aprendió el español en 1991 cuando escribía su novela *Los Gusanos*, que trata de los cubanos de Miami. Hizo borradores *(drafts)* del guión para *Hombres armados (Men with Guns)* en español y después creó un borrador final en inglés; un traductor mexicano usó las dos versiones (español e inglés) para crear la versión final del guión. Sayles habló español con los actores de habla hispana durante la filmación de la película. Decidió filmar la película en español. Dice: «I've acted in a foreign language, and I found that 80 percent of your energy goes into the language and only 20 percent into being the character you want to be. It made no sense for me to have the actors struggling with their English, or doing their scenes phonetically, rather than concentrating on their acting.»

*Otras películas de Sayles son: *Lianna; Baby, It's You; Brother from Another Planet; Matewan; Eight Men Out; The Secret of Roan Inish* y *Lone Star*. Trabaja en forma independiente para poder controlar el contenido de sus películas.

*El gran actor argentino Federico Luppi, un admirador de Sayles que leyó el guión y quiso participar en el proyecto, interpreta el papel de Humberto Fuentes. Mandy Patinkin y su esposa Kathryn Grody interpretan los papeles de los turistas Andrew y Harriet. Muchos de los otros actores se contrataron en México durante la filmación de la película.

Preparación

Vocabulario preliminar

Cognados

atacar	la batalla	el/la comandante
curar	el/la desertor(a)	la guerrilla
el helicóptero	la medicina	el rumor

La guerra

armado(a)	*armed, with weapons*
la bala (el balazo)	*bullet (shot with a bullet)*
disparar	*to shoot*
el ejército	*army*
el enemigo	*enemy*
el fusil	*gun*
matar	*to kill*
el/la soldado	*soldier*

Otras palabras

asesinar	*to murder, assassinate*
avisar (el aviso)	*to warn (warning)*
callar(se)	*to (be) quiet*
el chofer	*driver*
ciego(a)	*blind*
entrenar (el entrenamiento)	*to train (training)*
el fantasma	*ghost*
el legado	*legacy*
la llanta	*tire*

Otras palabras (continuación)

prevenir   *to warn*

proteger   *to protect*

tener miedo   *to be afraid*

A. Fuera de lugar. Para cada oración, indique cuál de las palabras está fuera de lugar y no tendría sentido en el contexto.

> *Modelo:*
> Según la radio, pasará un huracán por este pueblo. Hay que _____
> (a. prevenir / b. callar / c. avisar) a los habitantes. **b. callar**

1. El pueblo fue atacado por _____ (a. la guerrilla / b. el ejército / c. el legado).

2. El soldado recogió su _____ (a. fusil / b. pistola / c. fantasma) y se fue.

3. En la farmacia venden _____ (a. medicinas / b. llantas / c. aspirinas).

4. «Está muerta», dijo el detective. «¿Por qué la _____ (a. mataron / b. curaron / c. asesinaron)?»

5. Siempre hay problemas en el pueblo cuando vienen hombres _____ (a. ciegos / b. armados / c. militares).

6. Su esposo se murió en la _____ (a. batalla / b. guerra / c. bala).

B. El soldado. Complete el párrafo con palabras de la siguiente lista.

atacó	desertor	entrenamiento	miedo
chofer	disparar	helicóptero	proteger
comandante	enemigo	llantas	rumores

El joven empezó un programa de __**entrenamiento**___ para hacerse soldado. Después de unas

semanas, tuvo la oportunidad de subir a un (1) _____ para ver la zona desde el aire.

También aprendió a manejar el jeep y sirvió de (2) _____ al comandante. Aprendió a

reparar el jeep, a cambiar las (3) _____, etcétera. El (4) _____ le dijo que

la guerrilla es el (5) _____ del estado y de la paz. Siempre había muchos (6) _____

de que la guerrilla iban a atacar al ejército. Todos sabemos que el ejército debe (7) _____

a la gente, pero a veces no lo hace. Un día la guerrilla (8) _____ al ejército. El joven soldado tenía una pistola pero no la pudo (9)_____ porque no tenía balas. Tuvo

(10) _____ y corrió. Ahora es un (11) _____ y no puede volver a su regi-

miento.

Antes de ver la película

La falta de comunicación. Uno de los temas de *Hombres armados* es la falta de comunicación, el hecho de que a veces la gente no se entiende porque no habla la misma lengua. Conteste las siguientes preguntas.*

1. ¿Ha viajado a otro país u otro lugar donde no entendía la lengua? ¿Qué lengua se hablaba allí? ¿Tuvo problemas en comunicarse? Dé un ejemplo.

2. ¿Ha tenido algún problema de comunicación con una persona extranjera aquí en este país? ¿Qué pasó?

3. ¿Cuáles son algunas maneras de expresar una falta de comunicación en español, o sea decirle a alguien que no lo (la) entiende?

4. ¿Qué piensa de las leyes «English only» de algunas regiones de Estados Unidos? ¿Es bueno prohibir el uso de las lenguas extranjeras? ¿Por qué podría ser bueno o malo?

Investigación

Busque información sobre uno de los temas que siguen.†

1. la Alianza para el Progreso

2. Hernán Cortés y la conquista de México (que el doctor menciona en una conferencia)

3. el imperio de los aztecas

4. el imperio de los mayas

5. la teología de la liberación

> **Note:**
> Your instructor may ask you to read over the questions in the section **Exploración** before you see the film, in order to improve your understanding of it.

---

* Your instructor may ask you to do this exercise with a partner (using the **tú** form of the verbs) and report the information to the class.

† The **Investigación** sections suggest topics related to the movie that you may want to find out more about. Your instructor may assign these to individuals or groups and have them report the information to the class.

Exploración

A. La historia

1. ¿Quiénes son la mujer y la niña que se ven al principio de la película? ¿Qué hacen ellas?

2. El general habla de los «rumores» que los «rojillos» (quiere decir, comunistas) crean. Pero después, cuando el doctor Fuentes dice que va a ir a las montañas en vez de a la playa, ¿qué dice el general de sus «Tigres» en las montañas?

3. ¿Qué piensa Raúl, el novio de Ángela, de la Alianza para el Progreso? ¿Qué opina de los indios?

4. ¿A quién ve el doctor en el mercado? ¿Qué hace en Los Perdidos? ¿Qué dice de Cienfuegos, un estudiante del doctor, y del programa?

5. ¿Quiénes son Harriet y Andrew? ¿Qué buscan? Cuando preguntan sobre «los atrocidados» (es decir, las atrocidades) que han leído en los periódicos de Nueva York, ¿cómo reacciona el doctor?

6. Según la anciana ciega en Río Seco, ¿qué le pasó a Cienfuegos? ¿Por qué tiene ella el valor de hablar al doctor cuando los otros no le quieren hablar?

7. ¿Por qué va el doctor a la policía? ¿Qué le aconsejan allí? ¿Qué ironía hay en esta escena?

8. Cuando el doctor llega a Tierra Quemada, nadie le quiere hablar salvo una mujer con un bebé. ¿Por qué le habla? ¿Qué le aconseja el doctor?

9. ¿Quién es Conejo? Según él, ¿por qué llevaron al doctor Arenas a la escuela? En Tierra Quemada, ¿qué quería decir «educación»? ¿«operación»? ¿«graduarse»? ¿Qué quiere decir Conejo cuando dice «Nunca los mandaban a su pueblo»?

10. ¿Quién es Domingo? ¿Qué piensa Conejo de él?

11. ¿Sabe Domingo leer? ¿Por qué le inyecta a Conejo la medicina que el doctor Fuentes le da? ¿Sabe Conejo leer?

12. ¿De qué se da cuenta el doctor cuando examina la pistola de Domingo? ¿De qué se entera cuando va a la oficina del doctor de Soto (convertida en peluquería)? ¿Qué consigue Domingo en ese pueblo («el Padre, el Hijo y el Espíritu Santo»)?

13. ¿Quién es el padre Portillo? ¿Dónde lo vemos por primera vez? ¿Por qué se llama «el fantasma»? ¿Qué historia cuenta él?

14. ¿Qué le confiesa Domingo al padre Portillo?

15. ¿Por qué le dice Portillo a Domingo «Yo lo absuelvo» cuando le había dicho antes que no le podía dar la absolución, que ya no era sacerdote? ¿Adónde lo lleva el soldado?

16. Cuando el doctor Fuentes dice que no tiene nada para Graciela, la mujer que no habla (dice: «No soy psicólogo»), ¿qué hace Domingo?

17. ¿Por qué quiere ir a Cerca del Cielo el doctor? ¿y Graciela? ¿y Domingo? ¿De dónde le vino al doctor la idea de la descripción de ese lugar («un lugar donde alas de paz recogen las penas de tus hombros»)? ¿Por qué dice Domingo que ese lugar no existe?

18. En las ruinas, Conejo dice que los indios van a la selva «para escapar de los blancos». En ese momento, ¿a quiénes ve allí?

19. ¿Quiénes traen a Domingo, amarrado *(tied)* de las manos, a las ruinas? ¿Qué dicen ellos de Cerca del Cielo? ¿De qué hablan dos de ellos («chocolate con mango»)?

20. ¿Cómo es Cerca del Cielo? ¿Qué hay allí? ¿Qué no hay allí?

21. ¿Cómo termina la película?

B. Descripciones. Complete las oraciones con sus propias palabras.

1. Conejo, el niño, es muy _____ para su edad.

2. A Conejo le importa(n) _____.

3. El pueblo de Tierra Quemada, donde el doctor conoce a Conejo, es un

   lugar _____.

4. El padre Portillo es un hombre _____.

5. El pueblo que se llama El Modelo, donde el doctor y Domingo conocen a Graciela,

   es _____.

6. Domingo es una persona _____.

7. La gente de los pueblos pequeños no quiere hablar con el doctor Fuentes porque él (no) es

   _____.

Análisis y contraste cultural

Vocabulario

La medicina

el consultorio	*office (usually, medical)*
doler (el dolor)	*to hurt, ache (ache, pain)*
enfermo(a) (la enfermedad)	*sick (illness)*
herido(a)	*wounded*
herir (la herida)	*to wound (wound)*
mejorar(se)	*to improve, get better*
la pastilla	*pill*
la pena	*pain, ache, sorrow*
salvar	*to save (e.g., a life)*

La religión

el alma	*(f.) soul*
el cielo	*heaven; sky*
dar la absolución (absolver)	*to absolve (e.g., of sin)*
la fe	*faith*
el infierno	*hell*
la parroquia	*parish, church*
pecar (el pecado)	*to sin (sin)*
predicar el Evangelio	*to preach the gospel*
el sacerdote	*priest*

La selva

abrir un claro	*to open up a clearing (e.g., in a forest)*
el/la chiclero(a)	*person who gathers **chicle**, or gum, from trees*
esconder(se) (escondido)	*to hide (hidden)*
el monte	*brush, woods; mountain*
picar	*to bite, sting*
la selva	*jungle, forest*
la víbora	*snake*

Otras palabras

confiar (en)	*to trust*
detener	*to stop, detain*
embarazar	*to get (someone) pregnant*
la esperanza	*hope*
quemar	*to burn*
el/la refugiado(a)	*refugee*
secuestrar	*to kidnap*

Para llamar la atención

Disculpe. Disculpa.	*Excuse me.*
¡Oiga! ¡Oye!	*Hey! Listen!*
Perdone. Perdona.	*Forgive me. Excuse me.*

A. En resumen. Complete las oraciones con palabras de la siguiente lista.

almas	embarazó	parroquia	secuestró
claro	infierno	penas	víbora
duele	mejorarse	se esconden	

Modelo:

El policía dice que la guerrilla __**secuestró**___ a Cienfuegos.

1. El padre Portillo dice que no cree en el cielo, pero que conoce bien el _____.

2. Alguien le pregunta si _____ a una muchacha del pueblo, y él dice que no.

3. Tampoco robó a la _____.

4. Quería salvar _____.

5. El doctor quería salvar vidas, o por lo menos aliviar _____.

6. Domingo, el desertor, tiene una herida que le _____ mucho.

7. El doctor le dice que si quiere _____, tiene que descansar.

8. Si los soldados preguntan, Domingo quiere que el doctor les diga que le picó

   una _____.

9. Los indígenas abrieron un _____ en el monte para sembrar maíz.

10. Ellos _____ en la selva porque no quieren que los hombres armados
    los encuentren.

B. En otras palabras.... Para cada oración a la izquierda, busque un equivalente a la derecha.

____ 1. ¿Confías en los doctores?   a. Enseñaba la palabra de Dios allí.

____ 2. El padre le dio la absolución.   b. Disculpe, ¿hay alguna medicina para la gripe?

____ 3. Predicaba el Evangelio allí.   c. ¿Existirá el Paraíso?

____ 4. Detuvieron el automóvil.   d. ¿Tienes fe en los médicos?

____ 5. Perdone, ¿tiene unas pastillas para la gripe? e. Pararon el coche.

____ 6. ¿Crees en el cielo?   f. El sacerdote lo absolvió.

C. **Familias de palabras**. Para cada infinitivo, busque un sustantivo relacionado. Después, use el sustantivo en una de las oraciones que están abajo o invente su propia oración.

Modelo:
refugiar
el refugiado (la refugiada)
Estaba en un campamento para __refugiados_.

Infinitivo   Sustantivo

1. pecar   _____

2. enfermar   _____

3. consultar   _____

4. herir   _____

5. esperar   _____

6. doler   _____

a. Ya no tiene ninguna _____ de que se mejore.

b. El _____ del doctor está en la calle Quinta.

c. Tengo _____ de estómago.

d. La tuberculosis es una _____ muy grave.

e. Tenía una _____ en la pierna.

f. Según algunas personas religiosas, el ser humano nace con el _____ original.

D. «**Somos salineros, gente de sal.**» Forme una palabra que termine en **-eros** para cada uno de los siguientes sustantivos.*

> *Modelo:*
> jardín **jardineros**

1. chicle _____

2. leche _____

3. carta _____

4. joya _____

5. zapato _____

Nota cultural

Aunque esta película fue filmada en México, tiene elementos de muchos países. La ropa de las indígenas de Cerca del Cielo parece centroamericana o sudamericana. La música es de México, América Central, el Caribe, Colombia y otros lugares. Entre las lenguas indígenas que se hablan están el náhuatl, el tzotzil, el maya y el kuna. (Algunos de los actores hablaban solamente una lengua indígena y nunca habían visto una película.) En cada lugar, la gente trata de ganarse la vida como puede: con la sal, el chicle, el maíz, los plátanos, el café. Los nombres de los pueblos podrían ser de cualquier país hispano, como Río Seco, Los Mártires o Pico de Águila. El paisaje varía mucho y parece que la película no se sitúa en ningún lugar específico.

Temas de conversación o composición

Discuta con sus compañeros los temas que siguen.†

1. el hecho de que la película no se sitúa en ningún lugar específico (¿Podría ser de otro continente? ¿de otra época histórica?)

2. la pistola que Domingo tiene cuando regresa con las llantas (¿Qué otras personas la tienen después? ¿Qué simboliza, para usted? ¿Qué tiene que ver con el título de la película?)

3. la inocencia *versus* la falta de conciencia (¿Quiere el doctor Fuentes saber la verdad sobre su país? ¿Por qué le pregunta al padre Portillo sobre los pecados de omisión? ¿Qué le contesta el padre? Si el doctor Fuentes no hubiera muerto, ¿habría podido regresar a su rutina diaria en la ciudad?)

---

* Hint: Drop a final **-a** or **-o** and add **-eros**. If the final vowel is **-e**, just add **-ros**. If the final letter is a consonant, just add **-eros**.

† Your instructor may ask you to report back to the class or write a paragraph about one of the topics.

4. la compañía Kokal (Varias veces durante la película, se ven o se oyen anuncios para «Kokal», y el camión de la compañía se ve por todas partes. ¿Qué representa «Kokal», en su opinión?)

5. los turistas Andrew y Harriet (¿Por qué están allí de visita? ¿Qué estudian? ¿Les interesa la situación actual de los indígenas? ¿Les interesa lo que le está pasando al doctor Fuentes? ¿Qué les interesa?)

6. la lengua (¿Representa una barrera entre la gente? ¿Quiénes son bilingües? ¿Quiénes tienen problemas de comunicación? ¿Es humorística a veces la falta de comunicación? ¿Hay una ley en Estados Unidos según la cual todos los indígenas tienen que aprender inglés? ¿Entiende inglés el doctor Fuentes? ¿Entiende las lenguas indígenas? ¿Por qué es importante el idioma en esta película?)

7. el padre Portillo (¿Por qué se va con el soldado que detiene el auto del doctor cerca de El Modelo? Cuando le salva la vida a Domingo, ¿él se lo agradece?)

8. el legado del doctor Fuentes («Cada hombre debe dejar un legado, algo que construyó, dejarle algo al mundo, pasarle el conocimiento a otro alguien que será su continuación.» ¿Deja algo a alguien, al final? ¿Por qué sonríe Graciela al final de la película?)

Una escena memorable

¿Dónde están Graciela y Domingo? ¿Qué pasa en esta escena? ¿Qué pasará después?

Hablan los personajes

Analice las siguientes citas, explique de quién son y póngalas en contexto. Los personajes: el doctor Fuentes, Conejo, el padre Portillo, Domingo, el policía, el general, la mujer ciega, Bravo (el estudiante del doctor).

1. «Eres como un chiquillo, Humberto. El mundo es un lugar salvaje.»

2. «Cortés conquistó todo un imperio con unos cuantos hombres, pero tenía caballos y armas, cosas que sus contrincantes *(adversaries)* no. Ustedes van allí a lugares donde sus principales enemigos serán las bacterias y la ignorancia.»

3. «Doctor Fuentes, usted es el hombre más preparado que he conocido. Pero también el más ignorante.»

4. «Cuando un indio se pone el uniforme, se vuelve blanco.»

5. «Aquí no. A lo mejor en México. Los aztecas.... No era nuestra gente. Eran otras tribus, que atacaban por el norte.»

6. «Hemos tenido algunos problemas con los periodistas allí arriba. Suben a tomar fotografías y después desaparecen. Y a mí me echan la culpa *(blame)*.»

7. «Los ricos usan el ejército pa' que saque a los indios de las tierras buenas y se mueran de hambre. Entonces pos (pues) los indios tienen que regresar a la pizca *(harvest)* del café. Ya luego vuelven con su paga miserable y estas sanguijuelas *(leeches)* los dejan secos.»

8. «Un padre sin fe es como un soldado sin fusil.»

9. «Yo quería salvar almas, pero más bien salvar una vida. Yo soñé su vida y usted la mía. ... Quizá la inocencia es un pecado.»

10. «Es obvio que no creo en el cielo, doctor. Pero en el infierno... podría darle un paseo por el infierno.»

11. «Un pendejo *(idiot,* vulgar*)* o un cobarde. Pero si Dios no les permitiera la entrada al cielo a estas gentes, se quedaría muy solo.»

12. Y ahora para los «expertos»: Tres personajes dicen lo siguiente: «A la gente (común) le gusta/encanta el drama.» ¿Quiénes son estos personajes?

Hablando de la cultura

El papel de la Iglesia Católica en un pueblo pequeño en Latinoamérica puede ser muy importante. ¿Cuál es el papel del padre Portillo en el pueblo donde predica el Evangelio? ¿Qué clase de ritos o ceremonias hace? ¿Cómo enseña el Evangelio? ¿Por qué no se fue del pueblo cuando empezaron los problemas? ¿Quería la gente que se fuera? ¿Por qué se fue cuando le «hicieron la prueba», y por qué se quedaron los demás? ¿Por qué no mandaron a alguien que lo trajera de nuevo al pueblo? ¿Conoce bien a la gente de su parroquia?

Hablan los críticos y los directores

"Men with Guns asks us to weigh the price between not knowing and knowing, between silence and acknowledging, between lies and truth, between 'innocence' and self-knowledge. During the mythological journey narrated in this film, all the central characters finally confront those choices, and we do so with them. Just as the doctor, the priest and the soldier in the movie realize how the personal—that which affects only them— also affects their country, we, watching the movie, make a similar journey. In that private, inner-space of our own where art is experienced, where anything is possible, where the imagination reminds us that we are alone and never alone in our common humanity, we feel what is at stake in this movie. I suppose we choose every day, in countless ways, between denial and self-knowledge: societies as a whole face such choices too.... I think a movie like John Sayles' *Men with Guns* tells us why it is always better to know, by showing us that not knowing makes us less fully human."

— Francisco Goldman

http://www.spe.sony.com/classics/menwithguns/reflections.html

¿Está usted de acuerdo? ¿Somos menos humanos si negamos la realidad e ignoramos lo que pasa a nuestro alrededor? ¿Escogemos todos los días entre la negación *(denial)* y el conocimiento de nosotros mismos *(self-knowledge)*?

"Probably the idea came during the Vietnam war. I wrote a short story in which I tried to get rid of the Western concept of free will. I was thinking about the fact that in wars, often there are more casualties who are civilians than combatants... As I was writing it *(Hombres armados),* I made sure that almost all of the incidents are based on events that have happened somewhere else, almost to the exact detail. A lot of the dialogue in the beginning when Fuentes is being defensive, 'Oh this doesn't happen in our country,' and his son-in -law says, 'Our family has lived with these people for centuries,' that's pretty much verbatim what I heard as a kid in the American South when I went down there. 'They're our Negroes, we've lived with these people and it's only these outside agitators who've blown it out of proportion.' . . . There are things in this movie that come from Bosnia, from the former Soviet Union, from Africa, where a larger concept of government, whether it's colonialism or socialism, is blown away and old tribalisms reappear. But the common factor is that there are people who are just stuck in the middle."

— John Sayles, in an interview with Ray Pride 3/30/98,

http://desert.net/filmvault/chicago/m/menwithguns1.html

¿Tiene la película algo que ver con la historia de Estados Unidos? ¿Qué cree usted?

CAPÍTULO 2

El norte

Presentación de la película: Rosa y Enrique huyen *(flee)* de su remoto pueblo maya después de la muerte de sus padres a manos de las tropas del ejército, y salen para «el norte» (Estados Unidos) en busca de una vida mejor y más segura.

*Durante la década de los ochenta en Guatemala se cometieron atrocidades militares contra las comunidades indígenas y se practicó una política de «tierra quemada». El ejército mató u obligó a exiliarse a miles de habitantes rurales y destruyó más de cuatrocientos pueblos indígenas. También hubo conflictos en Nicaragua y El Salvador que produjeron miles de muertes y refugiados políticos.

El norte es el primer largometraje *(feature film)* de Gregory Nava, nacido en San Diego, de ascendencia mexicana y vasca *(Basque)*, y conocido como director de *My Family/Mi familia* (1995, Jimmy Smits, Jennifer López), *Selena* (1997, Jennifer López) y *Why Do Fools Fall in Love* (1998). El guión, escrito por el director y su esposa, Anna Thomas, fue seleccionado *(nominated)* en 1985 para el Óscar y el Writers Guild of America Screen Award al mejor guión original. Nava fue premiado con el Gran Prix des Amériques del

Festival Mundial de Cine de Montréal en 1984 por esta película. En 1995, *El norte* entró al prestigioso National Film Registry y ha sido designado *American Classic* por la Biblioteca del Congreso estadounidense. *El norte* se volvió a estrenar *(was re-released)* en 2000.

Preparación

Vocabulario preliminar

Note:
In Guatemala many people use **vos** instead of **tú**, so expect to hear some verbs in the present tense with the emphasis on a different syllable than you are used to hearing and perhaps other modifications as well: **¿Y por qué salís, pues?** Some imperative forms also have a different accented syllable: **Sen<u>ta</u>te, dor<u>mi</u>te, acor<u>da</u>te**. The **vos** form of the verb **ser** is **sos**: **Y si alguien te pregunta de dónde sos, decí que de Oaxaca.** In Guatemala the diminutive is used extensively (**bastantito, cuidadito, mismito**) and the intensifier **re-** is common (**rebueno** for **muy bueno**, **reduro** for **muy duro**).

Cognados

el carro	inmediatamente
el dólar	el/la mexicano(a)
la familia	el norte
grave (adj.)	la virgen
el hospital	

La gente

el/la ahijado(a)	*godson (goddaughter)*
la comadre	*very close friend; godmother of one's child or mother of one's godchild*
el compadre	*very close friend; godfather of one's child or father of one's godchild; pl. godparents*
el coyote	*person who helps illegal immigrants enter the United States*
la gente	*people*
la madrina	*godmother*
el/la mano(a)	*buddy (used in direct address, short for hermano[a])*
el/la novio(a)	*sweetheart*
el padrino	*godfather*
el/la soldado	*soldier*

Otras palabras

acordarse (ue)	*to remember*
ayudar	*to help*
componerse	*to get better, improve*
conseguir (i)	*to get, obtain*
difícil	*hard, difficult, tricky*

Otras palabras (continuación)

el drenaje	*sewer*
fuerte	*strong*
la lana	*money (colloquial)*
limpiar	*to clean*
la máquina	*machine*
parecer	*to seem; to look like*
pinche	*damn, measly, lousy, rotten (colloquial)*
el pisto	*money (colloquial)*
la suerte	*luck*
volverse (ue) loco(a)	*to go crazy*

A. Los compadres. Escoja la palabra apropiada para terminar la frase.

1. Doña Teresa es mi comadre. Es la (madrina / mana / novia) de mi hija mayor.

2. Los compadres son como miembros de la (ahijada / virgen / familia).

3. Mi hija María tiene miedo de que vuelvan los (soldados / novios / ahijados).

4. Necesita pisto para el viaje a Estados Unidos y su padrino la va a (acordarse / ayudar / parecer).

5. Él conoce a un buen (coyote / soldado / pisto) que va a ayudar a María a entrar en Estados Unidos.

6. Los mexicanos no dicen *pisto* como aquí en Guatemala, sino (*gente* / *lana* / *drenaje*).

B. Problemas. Berta, una inmigrante reciente, habla de sus problemas. Complete los párrafos con las palabras de la lista.

carro	lana	norte
difícil	limpiando	pinches
dólares	máquinas	

Mi hermana y yo necesitamos (1) _____ para comprar un (2) _____, pero

aquí en el (3) _____ sólo ganamos cinco (4) _____ por hora (5) _____

casas. Aquí se usan (6) _____ muy complicadas para lavar los platos y la ropa y es

(7) _____ operarlas. (8) ¡ _____ máquinas!

conseguir	hospital	suerte
fuerte	inmediatamente	volverme loca
grave	se componen	

Si aprendemos inglés quizás podamos (1) _____ un trabajo mejor. Lo peor es que ayer

supimos por carta que Mamá está enferma. Se puso (2)_____ y la llevaron (3)_____

al (4) _____ en Guadalajara. Mi hermana es más optimista que yo y dice que vamos a

tener (5) _____ . Soy una persona bastante (6) _____, pero si las cosas no

(7) _____ pronto creo que voy a (8) _____.

Antes de ver la película

A. Los inmigrantes

1. ¿De dónde inmigraron sus antepasados *(ancestors)?* ¿Por qué vinieron a este país?

2. ¿Conoce usted a algún inmigrante reciente? ¿Por qué vino a este país?

3. ¿Qué problemas cree usted que enfrentan *(face)* los inmigrantes ilegales en este país?

B. Los personajes.

Lea los nombres de los siguientes personajes. Después de ver la película, empareje cada personaje con su descripción.

___ 1. Arturo	a. madrina de Rosa y Enrique
___ 2. Rosa	b. coyote amigo de don Ramón
___ 3. Enrique	c. hijo de Arturo
___ 4. Josefita	d. dueña *(owner)* de una fábrica en Chicago
___ 5. don Ramón	e. amigo mexicano de Enrique
___ 6. Jaime	f. padre de Enrique y Rosa
___ 7. Raimundo	g. amigo de la familia de Arturo que conoce el norte
___ 8. Monty	h. mexicano-americano que trabaja con Enrique y Jorge
___ 9. Jorge	i. hija de Arturo

___10. Nacha   j.   dueño de un motel e intermediario entre inmigrantes
                                          y empleadores *(employers)*

___11. Carlos   k.   amiga mexicana de Rosa

___12. Alice Harper   l.   coyote joven

Note:
Your instructor may ask you to read over the questions in the section **Exploración**
before you see the film, in order to improve your understanding of it.

Investigación

Busque información sobre uno de los temas que siguen.*

1. los refugiados políticos centroamericanos en la década de los ochenta

2. los inmigrantes indocumentados en Estados Unidos

3. las películas *My Family/Mi familia* y/o *Selena,* de Gregory Nava

4. el realismo mágico (una técnica literaria y cinematográfica usada en *El norte*)

Exploración

A. ¿Cierto o falso? Lea las siguientes oraciones. Indique C (cierto) o F (falso). Corrija las oraciones falsas.

___ 1. La familia Xuncax es una familia indígena.

___ 2. Josefita sabe por experiencia propia cómo es la vida en «el norte».

___ 3. Rosa y Enrique abandonan su pueblo porque tienen miedo.

___ 4. Rosa y Enrique creen que en «el norte» la vida será igual que en Guatemala.

___ 5. Enrique abandona a Rosa para aceptar un trabajo en Chicago.

---

* The Investigación sections suggest topics related to the movie that you may want to find out more about.
Your instructor may assign these to individuals or groups and have them report the information to the class.

B. La historia

Part 1

1. ¿Por qué se reúnen en secreto los campesinos?

2. ¿Qué pasa durante la reunión?

3. ¿Qué hacen los soldados en el pueblo?

4. ¿Por qué están en peligro Enrique y Rosa?

5. ¿Qué piensan hacer Enrique y Rosa? ¿Cómo los ayudan don Ramón y Josefita?

6. ¿Qué esperanzas tienen Enrique y Rosa con respecto a la vida en «el norte»?

Part 2

1. ¿Cómo llegan a Tijuana Rosa y Enrique? ¿Por qué tratan de pasar por *(pass for)* mexicanos?

2. ¿Qué les pasa con Jaime y, luego, con la policía de la inmigración?

3. ¿Cómo entran en California los dos hermanos? ¿Quién los ayuda? ¿A qué ciudad los lleva esta persona?

Part 3

1. ¿Qué trabajo consigue Rosa? ¿Cómo lo pierde? ¿En qué trabaja ella después?

2. ¿Qué trabajo consigue Enrique?

3. ¿Qué oportunidad se le ofrece a Enrique? ¿Por qué no quiere aceptarla?

4. ¿Cómo pierde Enrique su trabajo? ¿Qué decide hacer entonces?

5. ¿Por qué tiene miedo Rosa de ir al hospital? ¿Cómo se enfermó?

6. ¿Cómo termina la película?

Análisis y contraste cultural

Vocabulario

La injusticia social y el exilio

el abuso	*abuse*
el/la campesino(a)	*country person (with connotations of poverty)*
el ejército	*army*
escaparse (de)	*to escape (from)*
el/la indio(a)	*Indian*
irse	*to leave, go away*
luchar	*to fight*
matar	*to kill*
morir(se) (ue, u)	*to die*
peligroso(a)	*dangerous*
el/la pobre	*poor person*
quedarse	*to stay*
el/la rico(a)	*rich person*
seguro(a)	*safe*
sentir (ie, i)	*to feel (emotion)*
tener miedo	*to be afraid*
la tierra	*land*
la vida	*life*

Los inmigrantes

agarrar	*to catch; to take*
cruzar	*to cross*
extrañar	*to miss (one's home, family, country)*
la frontera	*border*
la guerra	*war*
el hogar	*home*
libre	*free*
el lugar	*place*
la migra	*U.S.I.N.S.; immigration police on the U.S.-Mexican border*
el/la pocho(a)	*Mexican-American, often referring to someone who has lost his or her Mexican culture*
regresar	*to return, come/go back; to send back*

A. Rosa y Enrique. Escoja la respuesta apropiada.

_____ 1. ¿Por qué se reunieron los hombres en la vieja hacienda?

_____ 2. ¿Qué no entienden los ricos?

_____ 3. ¿Por qué se van para el norte Rosa y Enrique?

_____ 4. ¿Podrán pasar por mexicanos?

_____ 5. ¿Es peligroso cruzar la frontera?

_____ 6. ¿Quién los va a ayudar a cruzar la frontera?

_____ 7. ¿Es pocho el coyote?

_____ 8. ¿Van a pasar por las montañas?

_____ 9. ¿Qué les pasará si los agarra la migra?

___ 10. ¿Estarán contentos en el norte?

    a. Espero que sí. La vida será más fácil, pero van a extrañar su hogar.

    b. Van a necesitar un buen coyote.

    c. No, es mexicano.

    d. Sí, don Ramón dice que es como la guerra.

    e. Los regresarán a Guatemala y se morirán a manos de los soldados.

    f. No, es muy peligroso. Van a ir por otro lugar.

    g. Aquí no están seguros ni libres. Los quieren matar.

    h. Se reunieron para hablar de la situación; van a luchar por su tierra.

    i. Que los pobres sienten, que son gente como ellos.

    j. Claro que sí. La gente piensa que todos los indios son iguales.

B. Así comienza. Complete este resumen del principio de *El norte* con las palabras de la lista.

abusos   ~~irse~~   ~~peligroso~~

~~campesinos~~   matan – to kill   ~~quedarse~~

ejército   ~~miedo~~   ~~se escapan~~

Lupe no quiere que su esposo vaya a la reunión secreta porque ella tiene (1) _miedo_.

Los soldados atacan a los (2) _Campesinos_ y los (3) _matan_ a todos; al día

siguiente entran al pueblo y se llevan a sus esposas y a otros parientes. Enrique y Rosa

(4) _Se escapan_ del (5) _ejército_ porque no están en casa cuando llegan los

soldados. Los dos hermanos no pueden (6) _quedarse_ en San Pedro porque es muy

(7) _peligroso_. Deciden (8) _irse_ para el norte, donde no tendrán que sufrir

más (9) _abusos_ por ser indígenas.

Nota cultural

Cuando se siente mal, Rosa va a ver a una curandera *(folk healer)*. Esta práctica es tradicional y común en muchos países hispanos. Por otra parte, la protagonista tiene miedo de que las autoridades la manden a Guatemala si va al hospital.

Temas de conversación o composición

Discuta con sus compañeros los temas que siguen.*

1. la migración (¿Qué peligros enfrentan los protagonistas al cruzar la frontera y después de llegar? ¿Qué experiencias nuevas tienen en Los Ángeles? ¿Se sienten desorientados? ¿Qué personas e instituciones se presentan como hostiles a los inmigrantes ilegales? ¿Hay personas e instituciones que los ayudan? ¿Le parece exacta, o no, la forma de mostrar la inmigración en la película?)

2. la asimilación (¿Cuáles son los valores de la cultura maya, según la película? ¿y de la cultura norteamericana? ¿Cuál es el dilema de Enrique cuando se le ofrece una gran oportunidad? ¿Qué sistema de valores elige, y qué tiene que sacrificar como consecuencia de su elección? Si hubiera elegido el otro sistema de valores, ¿qué habría sacrificado? ¿Se presentan la asimilación y la aculturación como algo positivo, negativo o ambiguo?)

---

* Your instructor may ask you to report back to the class or write a paragraph about one of the topics.

3. la explotación (¿Cuáles son las condiciones de trabajo de los campesinos en Guatemala? ¿y de los inmigrantes ilegales en Los Ángeles? ¿Por qué hay conflictos entre los diferentes grupos explotados? Por ejemplo, ¿por qué llama Carlos a la policía de inmigración? ¿Quién es el intermediario entre los inmigrantes ilegales y las personas que los contratan *(hire)*? ¿Por qué quieren estas personas contratarlos aunque sea ilegal hacerlo? ¿Son también inmigrantes algunas de estas personas?)

4. los estereotipos (¿Cómo se combaten los estereotipos de los latinos en la película? ¿Son todos iguales o son diferentes los personajes latinos? ¿Se trata de una película de «buenos» contra «malos», o son los personajes más complicados?)

5. la violencia (¿Cómo se manifiestan los diferentes tipos de violencia en la película—física, verbal, estructural [de las estructuras políticas y sociales]? ¿Quiénes están en conflicto en cada una de las tres partes de la película?)

6. las imágenes simbólicas (¿Qué nos dice la yuxtaposición de las imágenes de la noria *(water wheel)* y la hormigonera *(cement mixer)* de la situación de los protagonistas? ¿y la repetición de la imagen de la cabeza cortada de Arturo? ¿y la insistencia en las imágenes circulares: la luna llena, el tambor *(drum)* de la procesión funeraria, los faros *(headlights)* de los vehículos? ¿y la araña *(spider)* en su telaraña *(web)*? ¿y los pájaros enjaulados *(caged)*? ¿Qué pueden representar las imágenes de las visiones o sueños de los protagonistas: las mariposas *(butterflies)*, el cabrito *(goat)*, las flores blancas, los pájaros blancos, el pescado en la cesta *(basket)* de flores?)

7. el mito de la «tierra prometida» (¿Cuáles son las esperanzas de Rosa y Enrique con respecto a la vida en «el norte»? ¿Se realizan, o no, sus sueños? ¿Por qué sí o no?)

8. el tema central o «mensaje» de la película (¿Por qué venían a Estados Unidos muchos inmigrantes ilegales de Centroamérica, como Rosa y Enrique? ¿Por qué vienen de México? ¿Cómo los afectan la discriminación y la hostilidad que encuentran en Estados Unidos? ¿Ha cambiado esta película la actitud que usted tenía con respecto a los inmigrantes ilegales?)

9. la estructura de la película (¿Qué contrastes hay entre la primera parte y la segunda? ¿entre la segunda parte y la tercera? ¿entre la primera parte y la tercera? ¿entre la manera de presentar los hechos «reales» y la manera de presentar los sueños y las visiones de los protagonistas? ¿Cómo contribuyen las imágenes repetidas a reforzar el «mensaje» de la película?)

10. el humor (¿Cuáles son las funciones del humor en *El norte?* ¿Contribuye a comunicar el «mensaje» de la película? Para usted, ¿cuál es el momento más cómico?)

Una escena memorable

¿Adónde va Enrique, y quién lo acompaña? ¿Quién los espera en la salida? ¿Qué pasa en esta escena que va a traer consecuencias terribles más tarde?

Hablan los personajes

Analice las siguientes citas, explique de quién son y póngalas en contexto. (Para una lista de los personajes, ver el ejercicio B en la sección «Antes de ver la película».)

1. «Hace diez años más o menos que la cocinera de don Rodrigo me pasa todos sus *Buenhogar*. ... Así que yo... pues, sé bastantito, mi hijo.»

2. «Para el rico, el campesino solamente es brazo—eso creen que somos—puro brazo para trabajar.»

3. «Y si alguien te pregunta de dónde sos, decí que de Oaxaca. La mayoría de gente ni cuenta se da que no sos de allá—se creen que todos los indios son iguales.»

4. "Raimundo, you and me, we're public servants. The whole goddamn economy would collapse like that if it wasn't for the cheap labor we bring in."

5. «Pues, es ciudadano americano, pero tiene familia que viene de México. Por eso tiene que hacer la misma mierda de trabajo que nosotros.»

6. «Mírame ahora. La gente me mirará y me respetará. En este país se trabaja reduro, pero también llegas a ser alguien.»

7. «No somos libres.»

8. «¿Cuándo vamos a encontrar un hogar?»

9. «¡Yo, yo, lléveme! Yo tengo brazos fuertes.»

Hablando de la cultura...

Comente (1) la relación entre Arturo y Lupe Xuncax y sus compadres Josefita y Pedro; (2) la relación entre Josefita y Pedro y sus ahijados Enrique y Rosa. ¿Tiene usted padrinos o ahijados? ¿Conoce a alguien que tenga padrinos o ahijados? ¿Es una relación tan estrecha *(close)* como la que se presenta en *El norte?* ¿Son comunes, o no, estos tipos de relaciones entre las familias de habla inglesa?

Hablan los críticos y los directores

En las palabras de Steven E. Alford, "films about women and migration are inherently problematic because the issue inevitably becomes 'Hollywoodized.' Owing to market forces, filmmakers create melodramas out of facts, inevitably misrepresenting the source material owing to the constraints of the genre within which they work. Large social problems cannot be handled successfully in film, resulting in a 'synecdochization' of the problem, reducing the social problem to the drama of a minimal number of characters."

"Women and Migration in Film: The Examples of *The Border* and *El norte*,"
http://polaris.nova.edu/~alford/lectures/wmfilm.html

¿Está usted de acuerdo? ¿Por qué sí o no?

John Hess opina que "Enrique, having lost his only remaining family member, blends in with the rest of the immigrant workers he joins on a construction site. He has lost his hope, retaining only his ability to survive."

College Course File Central America: Film and Video,
http://www.igc.org/jhess/CourseFile.html

Según su opinión, ¿hay alguna esperanza para el futuro de Enrique, o no hay ninguna?

CAPÍTULO 3

Como agua para chocolate

Presentación de la película: Tita y Pedro se aman, pero Mamá Elena le prohíbe a Tita que se case con Pedro por ser la hija más pequeña. Según una vieja tradición familiar, la hija menor no puede casarse ni tener hijos porque tiene que cuidar a su madre hasta su muerte. Para estar cerca de Tita, Pedro acepta casarse con Rosaura, otra hija de Mamá Elena...

*En México se prepara el chocolate *(hot chocolate)* con agua caliente. La expresión «como agua para chocolate» se refiere a un estado de agitación intensa o excitación sexual.

*La película *Como agua para chocolate,* del actor y director Alfonso Arau, es una adaptación de la famosísima novela de su (entonces) esposa Laura Esquivel, autora del guión. La película recibió trece premios internacionales. En 1993 fue seleccionada para el Golden Globe en la categoría Mejor Película Extranjera. Las películas más recientes del director son *A Walk in the Clouds* (1995, Keanu Reeves, Aitana Sánchez-Gijón) y *Picking Up the Pieces* (2000, Woody Allen, Sharon Stone, Cheech Marin, Lou Diamond Phillips).

Preparación

Vocabulario preliminar

Cognados

aceptar	el/la mulato(a)	el rancho
decente	la necesidad	la rosa
el/la esposo(a)	permitir	el/la sargento(a)
los gases	preparar	la tradición
el/la general(a)	prohibir	la visita

La Comida

el caldo de res	*beef broth*
la codorniz	*quail*
la masa	*dough*
el pastel	*cake*
la receta	*recipe*
las torrejas de nata	*cream fritters*

Otras Palabras

el aliento	*breath*
amar (el amor)	*to love (love)*
el baño	*bathroom*
la boda	*wedding*
casarse	*to marry*
el cerillo	*match*
la cocina (el libro de cocina)	*kitchen (cookbook)*
cocinar	*to cook*
el/la cocinero(a)	*cook*
la colcha	*bedspread*
cuidar	*to take care of*
dejar	*to allow*
huir (la huida)	*to flee, run away (flight, escape)*
el/la invitado(a)	*guest*
la lágrima	*tear*
llorar	*to cry*
morir(se) (la muerte)	*to die (death)*
nacer (el nacimiento)	*to be born (birth)*
sentir(se)	*to feel*
tejer	*to knit*
el tepezcohuitle	*medicinal bark*
la verdad	*truth*
la vida	*life*
volverse loco(a)	*to go crazy*

A. Una boda. Escoja las palabras apropiadas para completar las oraciones.

1. En el rancho la (muerte /(vida) es difícil porque hay mucho trabajo.

2. Cuando se casó mi hermana, asistió mucha gente a la (boda)/ lágrima).

3. Fue una lástima que el general le (cocinara / prohibiera) venir al sargento Gutiérrez.

4. Encontré una (receta)/ masa) para pastel de bodas en el libro de cocina de la abuela.

5. Tejí una (cocina /(colcha) para regalársela a los novios.

6. Mamá (lloró)/ dejó) en la iglesia, pero se puso contenta en el banquete.

7. Celebramos mucho cuando (nació/ murió) su primer hijo.

B. Terminaciones. Indique con un círculo la letra de la palabra o frase apropiada para terminar la oración.

1. Me sentía muy mal, pero ya estoy mejor porque Tita me curó con...

   a. tepezcohuitle.

   b. codornices.

   c. torrejas de nata.

2. Para la cena Chencha va a preparar...

   a. gases.

   b. caldo de res.

   c. cerillo.

3. No comprendo. ¿Por qué acepta casarse Pedro sin...

   a. baño?

   b. verdad?

   c. amor?

4. Tita está tan triste que creo que va a...

   a. volverse loca.

   b. cuidar.

   c. permitir.

5. Vino la famila Lobo a hacernos una...

   a. tradición.

   b. visita.

   c. necesidad.

6. Todos huyen de esa mujer porque tiene...

   a. mal aliento.

   b. un rancho grande.

   c. un esposo decente.

7. Voy al jardín *(garden)* para cuidar...

   a. las torrejas.

   b. los gases.

   c. las rosas.

8. Chencha, sírveles pastel a...

   a. la boda.

   b. los invitados.

   c. la cocina.

9. Su padre es blanco y su madre es negra. Es...

   a. pastel.

   b. cerillo.

   c. mulato.

Antes de ver la película

A. Prohibiciones

1. ¿Alguna vez le prohibieron asociarse con alguien o hacer algo que le importaba *(mattered)* mucho? Describa la situación. ¿Qué hizo usted?

2. En los tiempos de sus padres, de sus abuelos o de sus bisabuelos, ¿hubo alguna tradición injusta? ¿Cómo y cuándo se acabó esa tradición?

B. Los personajes. Mire las listas de personajes y cosas. Después de ver la película, diga con qué personaje, o personajes, se asocia cada cosa y explique por qué.

1. una colcha muy larga
2. el mal aliento y los gases
3. las torrejas de nata
4. una foto de un mulato
5. el caldo de res
6. unas rosas
7. las recetas de Tita
8. los cerillos
9. el tepezcohuitle

a. Alex
b. Chencha
c. Esperanza
d. Gertrudis
e. John Brown
f. Juan Alejándrez
g. Luz del Amanecer
h. Mamá Elena
i. Nacha
j. Paquita
k. Pedro
l. Rosaura
m. el sargento Treviño
n. Tita
o. el cura *(priest)*

Note:
Your instructor may ask you to read over the questions in the section **Exploración** before you see the film, in order to improve your understanding of it.

Investigación

Busque información sobre uno de los temas que siguen.[*]

1. las soldaderas *(women soldiers)* en la Revolución mexicana

2. Pancho Villa o Emiliano Zapata

3. el realismo mágico (una técnica literaria y cinematográfica que se usa en la película)

4. Laura Esquivel

---

* The Investigación sections suggest topics related to the movie that you may want to find out more about. Your instructor may assign these to individuals or groups and have them report the information to the class.

Exploración

A. Las circunstancias. Ponga en orden cronológico los siguientes eventos. Después explique las circunstancias de cada uno.

____ a.   el viaje a Eagle Pass (Texas) de Chencha

____ b.   la boda de Alex y Esperanza

____ c.   la muerte de Roberto

____ d.   el viaje a San Antonio (Texas) de Pedro, Rosaura y Roberto

____ e.   el viaje a Eagle Pass de Tita y John

____ f.   la muerte de Rosaura

____ g.   la huida de Gertrudis del rancho

____ h.   la muerte de Mamá Elena

____ i.   el regreso de Gertrudis al rancho

____ j.   la boda de Pedro y Rosaura

B. ¿Por qué? Explique por qué pasan estas cosas.

1. ¿Por qué lloran y vomitan los invitados en la boda de Pedro y Rosaura?

2. ¿Por qué corre Gertrudis al baño después de comer las codornices?

3. ¿Por qué se vuelve loca Tita?

4. ¿Por qué llora Tita cuando se muere Mamá Elena?

5. ¿Por qué dice Rosaura que Esperanza no se casará?

6. ¿Por qué cree usted que Tita no se casa con John?

7. ¿Por qué hay conflicto entre Tita y Rosaura con respecto al futuro de Esperanza?

Análisis y contraste cultural

Vocabulario

Más comida

la cebolla	onion
el chile (en nogada)	chile (in walnut sauce)
el olor	fragrance
partir	to cut
la rosca de Reyes	large ring-shaped sweet bread baked for Epiphany

Otras palabras

acercarse	to approach, get near
aconsejar (el consejo)	to advise (advice)
adivinar	to guess
agarrar	to grab, hold
la caja	box
conveniente	advisable, a good idea
la criatura	child
el embarazo (embarazada)	pregnancy (pregnant)
enamorado(a)	in love
encender (ie)	to light
extrañar	to miss
el fantasma	ghost
mero(a)	mere, simple; nearly, almost
parecer	to seem
el pecho	breast
la pena	sorrow
soltar (ue)	to let go of; to allow (tears) to flow
la tía (tía abuela)	aunt (great-aunt)
la vela	candle

A. La comida. Complete las frases con palabras de la lista.

cebolla	olor	penas
chiles	partir	rosca
extraña	pechos	tía abuela

1. La narradora de la película y Tita, su _____, son muy sensibles *(sensitive)*

   a la _____.

2. Tita está muy triste y no tiene apetito. Nacha le ofrece algo de comer, diciéndole

   «Las _____ con pan son menos.»

3. Los _____ vírgenes de Tita producen leche para el niño Roberto.

4. Juan encuentra a Gertrudis fácilmente, atraído *(attracted)* por el _____ de las

   rosas.

5. Gertrudis regresa al rancho a _____ la _____ de Reyes y para

   tomarse una taza de chocolate.

6. Gertrudis _____ la comida de su casa, sobre todo las torrejas de nata.

7. En la boda de Alex y Esperanza los invitados comen _____ en nogada y de

   repente sienten intensos deseos amorosos.

Los fantasmas. Complete las frases con palabras de la lista.

aconsejan	encender	suéltenme
agarran	fantasmas	velas
caja		

1. Luz del Amanecer decía que todos nacemos con una _____ de cerillos en nues-

   tro interior y que no los podemos _____ nosotros solos.

2. Los hombres que llegan al rancho _____ a Mamá Elena y ella les grita,

«¡_____!»

3. Los _____ de Nacha y Luz del Amanecer le _____ a Tita que cure

a Pedro con tepezcohuitle.

4. Al final de la película Tita y Pedro entran en un cuarto donde hay muchas _____

encendidas por el fantasma de Nacha.

B. Las tres hermanas. Complete las frases con palabras de la lista.

adivina   embarazada   mera
consejos   embarazo   parece
conveniente   enamorados   se acerca
criatura

1. Rosaura le pide _____ a Tita porque Pedro ya no _____ a ella.

2. Tita cree que está _____ y Doña Paquita _____ su secreto.

3. A Gertrudis le _____ mal que Rosaura se haya casado con Pedro sin importarle

que Tita y Pedro están muy _____.

4. Gertrudis le dice a Tita, «La _____ verdad es que la verdad no existe.»

5. Según Gertrudis, es _____ que Tita hable con Pedro de su _____.

6. Tita no quiere que le pongan (den) su nombre a la _____ de Rosaura y Pedro.

Nota cultural

La novela *Como agua para chocolate,* en la que se basa la película, pertenece al género literario llamado «realismo mágico». Se trata de una técnica literaria caracterizada por la inclusión de elementos fantásticos en una narrativa realista. Si bien tiene antecedentes muy antiguos, han sido muchos los escritores latinoamericanos que la utilizaron en la segunda mitad del siglo XX.

Temas de conversación o composición

Discuta con sus compañeros los temas que siguen.[*]

1. la tradición y el cambio (¿Quiénes imponen *(impose)* la tradición? ¿Quiénes son víctimas de la tradición? ¿Quiénes se rebelan? ¿Cómo lo hacen? El mismo personaje que impone la tradición ¿también puede ser víctima de la opresión y los convencionalismos?)

2. la comida (¿Cree usted que el estado emocional de la persona que prepara la comida puede comunicarse a las personas que la comen? ¿que la comida puede curar enfermedades físicas y mentales? ¿Cómo interpreta usted la incapacidad *(inability)* de Mamá Elena y Rosaura de alimentar *(feed)* a sus hijos? ¿La indigestión de Rosaura?)

3. el «realismo mágico» (¿Qué elementos fantásticos hay en la película? ¿Cómo se emplea la hipérbole [la exageración]? ¿Cómo se combinan lo fantástico y lo real? ¿Cómo se relacionan los vivos y los muertos?)

4. el humor (Para usted, ¿cuál es el momento más cómico de la película? ¿Cómo se emplea el humor? ¿Ayuda el humor a comunicar el «mensaje» de la película?)

5. las relaciones familiares (¿Cómo se relacionan la madre y las hijas? ¿Las hermanas entre sí? ¿Los hombres y las mujeres? ¿Los amos *(masters)* y los sirvientes?)

6. la frontera (¿Parece fácil o difícil cruzar de Texas a México? ¿Cómo se relacionan los personajes que viven a ambos lados de la frontera? ¿Ha cambiado esta situación desde principios del siglo pasado?)

7. el final (¿Qué le parece el final de la película? ¿Es triste o feliz? ¿Lógico o ilógico? ¿Inevitable o no? Proponga otro final.)

8. el «mensaje» o tema central de la película (¿Qué nos quieren comunicar los cineastas *[filmakers]*? ¿Lo consiguen o no? Explique.)

---

[*] Your instructor may ask you to report back to the class or write a paragraph about one of the topics.

Una escena memorable

¿Quiénes son estos personajes? ¿Dónde están? ¿Qué pasa en esta escena?

Hablan los personajes

Analice las siguientes citas, explique de quién son y póngalas en contexto. (Para una lista de los personajes, ver el ejercicio B en la sección «Antes de ver la película».)

1. «Uno no puede cambiar unos tacos por unas enchiladas así como así.»

2. «Sí, suelta tus lágrimas, mi niña, porque mañana no quiero que naide (nadie) te vea llorar, y mucho menos Rosaura.»

3. «El secreto está en que cuando lo cocine, lo haga con mucho amor.»

4. «Además, los hombres no son tan importantes para vivir, padre, ni la revolución es tan peligrosa como la pintan. Peor es chile y el agua lejos.»

5. «Hay muchas maneras de poner a secar una caja de cerillos húmeda *(damp)*. Puede estar segura de que sí tiene remedio.»

6. «Las revoluciones no serían tan malas si uno pudiera comer a diario con su familia.»

7. «No te preocupes, chiquita. La tradición morirá en mí. Nadie te hará daño.»

8. «No me importa lo que piensen ni mi hija ni nadie más. Hemos pasado muchos años cuidándonos (preocupándonos) del quédirán (lo que dirá la gente).»

Hablando de la cultura...

El Día de los Reyes Magos *(Day of the Three Kings)* o la Epifanía es un día festivo muy importante en los países hispanos. Según la leyenda *(legend),* el día seis de enero los tres Reyes Magos *(magi)* llegan montados en sus camellos con regalos para todos los niños. Los niños dejan comida para los camellos; los Reyes dejan regalos en los zapatos de los niños buenos y carbón *(coals)* en los de los niños malos. La rosca de Reyes se prepara sólo en esta época del año y contiene una moneda *(coin)* o una figurita de porcelana que trae la buena suerte a la persona que la encuentra en su trozo *(piece)* de rosca.

En su familia ¿se celebra el Día de los Reyes Magos? ¿hay comidas que se comen sólo en determinadas épocas del año? Compare la tradición de los Reyes con la de Santa Claus.

Hablan los críticos y los directores

Según la opinión de Rita Kempley, *"Like Water for Chocolate* is a Mexican revolutionary-era *Heartburn,* an overly rich fable on the mysterious link between sex and food. It aims to portray the onset of Mexican feminism in 1910, but it's really just another hearth-set Cinderella story, one that connects cooking to sorcery and servitude . . . an overwrought potboiler that punishes Tita for her sexual freedom."

Washington Post, March 6, 1993.

Ilan Stavans afirma que "the intellectual and spiritual weight of Esquivel's six protagonists—Tita, Mama Elena, Nacha, Rosaura, Gertrudis and Chencha—authoritarian well-to-do matrons, opinionated young girls, soldaderas and maids, serves to map the trajectory of feminist history in Mexican society; machismo is the book's hidden object of ridicule."

Review of *Like Water for Chocolate, The Nation*, June 14, 1993, p. 846.

¿Está usted de acuerdo con uno de los dos críticos? ¿Tiene una opinión diferente? Explique.

Danzón

Presentación de la película: Julia no sabe qué pensar. Carmelo, su pareja de baile durante muchos años, ha desaparecido. ¿Qué le habrá pasado? ¿Estará enfermo? ¿Tendrá problemas con la ley? Julia está obsesionada, «neurótica», pensando en él. Empieza una búsqueda que cambiará su vida…

*María Novaro, la directora, estudió sociología y producción de películas en Ciudad de México y después trabajó con Alberto Cortés como asistente de dirección en *Amor a la vuelta de la esquina* (1984). Sus películas *Azul celeste* (realizada en 1987) y *Lola* (1989) ganaron varios premios.

Danzón ganó un premio a la mejor película del año en México y a la mejor película en el festival latino de películas de Nueva York en 1991. Fue seleccionada para la Quincena de Realizadores del Festival de Cannes. Beatriz Novaro escribió el guión en colaboración con su hermana, María.

*María Rojo interpreta a Julia. Recibió galardones a la mejor actriz en los festivales de Chicago y de Valladolid, España.

*Otras películas de María Novaro son: *El jardín del Edén* (1994) y *Que no quede huella* (2000).

Preparación

Vocabulario preliminar

Cognados

la academia	el/la operador(a)
elegante	robar
la menopausia	el/la telefonista
el número	el telegrama

El baile

agarrar	*to hold; to catch*
el concurso	*contest*
hacer un cuadro	*to make a square*
el/la maestro(a) (de baile)	*(dance) teacher*
la pareja	*partner; pair*

Otras palabras

ahogarse	*to drown*
el/la artista	*actor (actress); artist*
el barco	*ship*
la bronca	*(colloquial) problem, dispute*
el/la cocinero(a)	*cook*
correr (del trabajo)	*(colloquial) to fire (from one's job)*
¿Cómo crees?	*(colloquial) How can you think that? How could that be possible?*
el crimen	*murder, felony, crime*
cuidar(se)	*to take care of (oneself)*
culpable	*guilty*
dulce	*sweet*
el galán	*beau, handsome guy, boyfriend*
griego(a)	*Greek*
hacer caso	*to pay attention*
larga distancia	*long distance*
llorar	*to cry*
mentir (ie)	*to lie*
el muelle, los muelles	*wharf, docks*
picar	*(colloquial) to bother, bug*

Otras palabras (continuación)

por si las moscas	*(colloquial) just in case*
Se me hace que...	*(colloquial) I have a hunch that..., I think that...*
la tos	*cough*
el/la viejo(a)	*(colloquial) old man, husband (woman, wife)*

A. Mi novio y yo. Complete el párrafo con palabras de la siguiente lista.

academia	crimen	griego
barco	cuadro	lloré
cocinero	culpable	pareja
concurso	elegante	robar
corrieron		

Mi novio es maestro en una (1) _____ de baile. Antes, era (2) _____ en

un restaurante (3) _____, «Casa Atenas». Pero lo acusaron de (4) _____

dinero de la caja *(cash register)* y lo (5) _____ del trabajo. No era (6) _____

de ningún (7) _____. Eso fue muy injusto y yo (8) _____ mucho cuando

me contó lo que le había pasado. Pero poco después consiguió el trabajo de sus sueños y ahora da

lecciones de salsa y danzón. Cuando participa en competiciones, yo soy su (9) _____

de baile. Me enseñó a bailar danzón, un baile algo formal pero bastante fácil: sólo haces

un (10) _____ con los pies. Hace un mes ganamos un (11) _____ de

baile... ¡y una semana en Acapulco! Fuimos en (12) _____ hasta allí y nos quedamos

en un hotel muy (13) _____. Nadamos, hicimos windsurf y tomamos sol en la playa,

pero no fuimos a bailar ni una vez.

B. ¡Es lógico! Escoja la respuesta más lógica.

1. ¿Qué tal su viaje a Europa? ¿Les gustó?

    a. Sí, estuvimos en los muelles.

    b. Sí, fuimos en barco.

    c. Vamos en tren, por si las moscas.

2. Mi amiga Gabi canta en un «show» y a veces aparece en la televisión.

    a. Ah, ¿es artista?

    b. ¿Es telefonista?

    c. ¿Cómo crees?

3. ¿Qué te pica, querida?

    a. Es que nunca me haces caso.

    b. Es que no me mientes nunca.

    c. Es que siempre me defiendes, viejo.

4. El doctor me dice que tengo mononucleosis.

    a. ¿Tienes tos?

    b. Será la menopausia.

    c. Descansa y cuídate mucho.

5. Tuve una bronca con mi jefe el otro día. Si no voy al trabajo ahora, estaré frita *(in hot water)*.

    a. ¿Te van a celebrar?

    b. ¿Te van a ahogar?

    c. ¿Te van a correr?

6. Carmen, tienes una llamada de larga distancia.

    a. ¿Es la operadora?

    b. ¿Qué número es?

    c. Se me hace que mi galán me quiere hablar.

7. El chico agarró unas galletas *(cookies)* y se fue.

    a. Sí, lo sé, fue a jugar béisbol.

    b. Habrá recibido un telegrama.

    c. No le gustan los dulces.

Antes de ver la película

A. La música

1. ¿Qué clase de música le gusta más a usted?

2. ¿Cuáles son sus músicos o cantantes favoritos?

3. ¿Qué clase de música es la más romántica, en su opinión?

4. ¿Le gusta bailar? ¿Va a espectáculos de danza o baile?

5. ¿Toca un instrumento musical? ¿Cuál?

6. ¿Ha bailado, cantado o tocado música en una situación formal, delante de mucha gente? ¿En qué situación? ¿Cómo se sentía?

7. ¿Ha ganado un premio de baile o de música? ¿Qué premio?

B. Los personajes. Lea las descripciones y los nombres de los personajes. Después de ver la película, empareje cada personaje con su descripción.

_____ 1. personaje principal, una mujer que ha ganado muchos premios de baile   a. Doña Ti

_____ 2. hija de Julia   b. la Colorada

_____ 3. mejor amiga de Julia   c. Silvia

_____ 4. dueña o gerente de un hotel en Veracruz   d. Carmelo

_____ 5. un joven que trabaja en el puerto de Veracruz   e. Julia

_____ 6. pareja de baile de Julia   f. Perlita

_____ 7. una prostituta que vive en el hotel donde Julia se queda   g. Susy

_____ 8. un travesti *(transvestite)* que es artista en Veracruz   h. Rubén

> Note:
> Your instructor may ask you to read over the questions in the section **Exploración** before you see the film, in order to improve your understanding of it.

Investigación

Busque información sobre uno de los temas que siguen.[*]

1. el danzón (estilo de baile)

2. el puerto de Veracruz, México

3. Toña la Negra (María Antonia del Carmen Peregrino Álvarez), una cantante de Veracruz

4. la música afro-caribeña

Exploración

A. ¿Julia, doña Ti, Rubén o Susy? ¿Con qué personaje se asocia cada una de las siguientes cosas? ¿Por qué?

> *Modelo:*
> las galletas y el azúcar
> **Doña Ti, porque siempre le ofrece algo dulce a Julia y trata de consolarla.**

1. los clubes nocturnos

2. la música triste

3. los barcos

4. la juventud

5. los teléfonos

6. un corte de pelo

7. la soledad

8. «El coquero»

9. un viaje en tren

10. un nombre artístico

---

* The **Investigación** sections suggest topics related to the movie that you may want to find out more about. Your instructor may assign these to individuals or groups and have them report the information to the class.

B. La historia

1. ¿En qué trabajan Julia y Silvia?

2. ¿Quién empieza a trabajar con ellas? ¿Parece un trabajo interesante? ¿Siempre trabajan a las mismas horas del día?

3. ¿Por qué está enojada Silvia con Chucho al principio de la película? ¿Por qué se reconciliaron después?

4. Cuando Carmelo no llega al salón de baile, ¿qué le sugiere Silvia a Julia?

5. ¿Qué tiene Julia en las paredes de su apartamento?

6. Según Perlita, cuando habla con Tere, ¿cuál es la relación entre Carmelo y su mamá? ¿Le cree Tere?

7. ¿Cómo se sabe que Julia es una buena madre? ¿Por qué le dice Tere a Julia, «No seas tan posesiva»?

8. ¿Qué le cuenta Silvia a Tere sobre Carmelo? ¿Por qué «se peló» (se fue) tan de repente *(suddenly),* según Chucho?

9. Después de buscar a Carmelo en muchos lugares, Julia visita a una mujer que lee las cartas y predice el futuro. ¿Qué dicen las cartas?

10. ¿Qué decisión toma Julia? ¿Qué piensan sus amigas de su decisión?

11. ¿Quién es doña Ti? ¿Qué hace ella? ¿Cómo trata de ayudar a Julia?

12. ¿Quién es Susy? ¿Qué noticias tiene de «Canelo»?

13. ¿Adónde va Julia para buscar a Carmelo?

14. ¿A quién conoce Julia en los muelles? ¿Por qué le dice que busca a su primo? ¿Qué otras mentiras le dice?

15. ¿Qué tienen que ver los nombres de los barcos *(Amour fou, Puras ilusiones, Amor perdido, Me ves y sufres)* con la historia?

16. ¿Sabe Rubén bailar danzón?

17. ¿Por qué decide Julia dejar a Rubén?

18. ¿Qué hace Julia al irse de Veracruz? ¿De quién se despide? ¿A quién le deja sus discos?

19. ¿A quién ve Julia en el salón de baile en la capital?

20. ¿Se miran a los ojos?

Análisis y contraste cultural

Vocabulario

Algunas características físicas*

alto(a)	*tall*
flaco(a), flaquito(a)	*thin, skinny*
fuerte	*strong*
guapo(a)	*good-looking, handsome, beautiful*
güero(a), güerito(a)	*(Mexico and Central America) fair*
moreno(a)	*dark, brown-skinned (also, in some contexts, black)*
negro(a), negrito(a)	*black, dark*

En el hotel

la almohada	*pillow*
el cuarto, la habitación	*room*
descansar	*to rest*
la llave	*key*
pagar por adelantado	*to pay in advance*
vencerse	*to expire, have its time up*
el ventilador	*fan*

Expresiones regionales†

ser un cuero, ¡Qué cuero!	*to be an attractive man or woman, How good-looking! What a hunk!*
¡Híjole!	*Wow! Jeeze!*
mano(a), manito(a)	*short for* hermano(a), *used among good friends or to express affection*
Me vale.	*I don't give a darn. (slightly vulgar)*
Ni loco(a).	*No way.*
Órale.	*All right. OK. That's it. (used mainly to encourage someone to do something or to accept an invitation)*
padre, padrísimo(a)	*great, super*
vacilar	*to tease, joke around with (e.g.,* no me vaciles*)*

El cuerpo humano: Repaso rápido

la boca	*mouth*
el brazo	*arm*
la cara	*face*
el dedo	*finger*

---

* Notice that **flaco**, **güero**, and **negro** or their diminutives are used as terms of affection in the film. **Moreno(a)** is often used for someone of African ancestry.

† These terms are not used exclusively in Mexico—some are heard elsewhere as well. Note that **cuero** has other meanings in other places (such as *body, pretty woman*). Also note that in the expression **me vale, me vale madre** would be stronger and more vulgar.

El cuerpo humano: Repaso rápido (continuación)

la mano	*hand*
la mejilla	*cheek*
el ojo	*eye*
el pelo	*hair*
la rodilla	*knee*

A. ¡Qué antro! *(What a dump!)* Complete el párrafo con palabras apropiadas de la lista «En el hotel».

Cuando llegamos a Miami, estábamos muy cansados y sólo queríamos encontrar un hotel

y (1) _____. El primer hotel que encontramos resultó ser barato. Tuvimos que pagar

por (2) _____. «Mañana a las 10:30 se (3) _____ la habitación», dijo la

recepcionista, «y sólo podemos darles *una* (4) _____.» Nos dieron

un (5) _____ pequeño. En la cama había dos (6) _____, pero eran muy

duras. No había aire acondicionado ni (7) _____ a pesar del calor. «¡Qué antro!» dijo

mi esposo. Dormimos unas ocho horas y al día siguiente nos marchamos.

B. Descripciones de los famosos. Escoja un adjetivo de la lista «Algunas características físicas» para describir a...

1. Antonio Banderas

2. Cameron Díaz

3. Sammy Sosa

4. Jimmy Smits

5. Jennifer López

C. **¿Y en México?** Para cada palabra subrayada, busque una palabra que se podría oír en
México. (Consulte la sección «Expresiones regionales».)

> *Modelo:*
> ¿Viste a Christina Aguilera? —Sí, ¡qué linda!
> **¿Viste a Christina Aguilera? —Sí, ¡qué padre!**

1. Mira a ese hombre. ¡Qué atractivo!

2. ¿Me prestas dos mil pesos? —De ninguna manera.

3. No bromees conmigo. No te creo.

4. ¿Quieres bailar? —Sí.

5. ¡Caramba! ¡Eso sí que es ridículo!

6. ¿Qué tienes, amiga? ¿Por qué lloras?

7. Te van a correr del trabajo. —No me importa.

D. **Repaso rápido.** Sin mirar la lista de vocabulario, trate de nombrar por lo menos ocho partes
del cuerpo humano: ¡rápido!

Nota cultural

En esta película, la música popular es muy importante. La canción «Viajera» se escucha
antes del viaje de Julia a Veracruz en busca de Carmelo. En «Amar y vivir» el cantante
dice que no quiere arrepentirse de lo que pudo haber sido *(what might have been)* y no fue.
Cuando Susy canta «El coquero», es irónico que un hombre vestido de mujer interprete
ese papel: ¿están los roles sexuales fluctuando continuamente? Susy también canta «Tú
estás siempre en mi mente» de Juan Gabriel; Julia y Susy le escriben estas palabras a Carmelo y ponen el mensaje en una botella que Julia tira al mar. Doña Ti canta «Irremedia-
blemente sola» de Toña la Negra. Su canción «Azul» es una de las muchas referencias a los
colores en la película; para María Novaro, el uso del color es muy importante.

Temas de conversación o composición

Discuta con sus compañeros los temas que siguen.[*]

1. el baile del danzón (¿Quién lo dirige, con tres dedos: el hombre o la mujer? ¿Qué figura hay que hacer? ¿Adónde debe mirar la mujer? ¿Qué clase de ropa y zapatos usa la mujer? ¿Cómo cambia Julia su modo de bailar al final de la película?)

2. la vida de Julia en la capital y en Veracruz (¿Qué le pasa cuando sale de la rutina diaria? ¿Dónde tiene más apoyo emocional? ¿Dónde tiene más libertad? ¿Se rebela contra su rutina, su hogar, su trabajo, el paso del tiempo...?)

3. la Colorada (¿Por qué trabaja casi todos los días, incluso los domingos? ¿Cuál es la reacción de Julia ante ella?)

4. doña Ti (¿Qué clase de canción canta siempre? ¿Acepta a las prostitutas? ¿Acepta el abuso que los padrotes *(pimps)* cometen con ellas como algo «normal»? ¿Es una mujer con valores feministas o independientes, o es una mujer que acepta un mundo dominado por los hombres? ¿Acepta a Susy y a Karla?)

5. la marginación (¿Qué personajes viven al margen de la sociedad, en general? ¿Qué personajes son más femeninos? ¿más cariñosos? ¿más independientes?)

6. la relación entre Julia y Carmelo (¿Han mejorado su relación con el tiempo? ¿Es posible el amor platónico entre un hombre y una mujer? ¿Cree que su relación va a cambiar?)

7. el dicho: «Lo bailado, ¿quién te lo quita?» (¿Quién lo dice a quién en la película? ¿Por qué? ¿Qué quiere decir?)

8. el uso del color en la película (María Novaro es famosa por el uso que siempre hace del color; algunos la llaman una directora expresionista. ¿En qué escenas es importante el color? ¿En qué canciones?)

---

[*] Your instructor may ask you to report back to the class or write a paragraph about the topic.

Una escena memorable

Describa la relación entre Julia y Susy. ¿Qué aprende Susy de Julia? ¿Qué aprende Julia de Susy?

Hablan los personajes

Analice las siguientes citas, explique de quién son y póngalas en contexto. (Para una lista de los personajes, ver el ejercicio B en la sección «Antes de ver la película».)

1. «Todos los hombres son iguales, mi reina. Pero no hay de otros, de veras.»

2. «Para mí, esto del baile es sagrado.»

3. «¿Tienes miedo de parecer puta o de gustarles a los hombres?»

4. «Ahí está la cosa: en el instante en que se pescan las miradas está dicho todo, ¿no?»

5. «Quieres una galleta, ¿verdad? Ay, dichosa tú, que tienes a tu hija. Pero yo…, ¿todo para qué? Ni me vienen a ver. Aquí estoy siempre sola.»

Hablando de la cultura...

En esta película hay muchas escenas entre madres e hijos. ¿Cómo tratan las mujeres a los niños o bebés en este filme? En general, ¿cómo es la imagen de la maternidad en *Danzón*? Dé ejemplos. ¿Sería diferente la imagen de la maternidad en una película de Hollywood?

Hablan los críticos y los directores

«Aunque la vida de las mujeres de *Danzón* gira alrededor de los hombres, el filme se refiere más a los lazos *(ties)* que establecen ellas entre sí, que a sus relaciones con el sexo opuesto. El hombre es un objeto en sus vidas: un punto de referencia para determinar sus historias. Así, el viaje de Julia es, en realidad, una travesía hacia el interior de sí misma. Al final, ella regresará a su mundo de mujeres; su búsqueda del hombre la llevará de nueva cuenta a su femineidad.

Para las mujeres de *Danzón*, los hombres son personajes que van de paso, como los marineros *(sailors)*. Los hijos de doña Ti, los amantes de la Colorada, Carmelo y hasta el mismo Rubén, son personajes que se mueven, mientras que las mujeres permanecen *(remain, are constant)*. En esta visión femenina del México contemporáneo, la mujer es quien tiene la sartén por el mango.»

—«Películas del cine mexicano»
http://www.mty.itesm.mx/dcic/carreras/lcc/cine_mex/pelicula8.html.

¿Está usted de acuerdo con lo siguiente?: En *Danzón*, es la mujer quien «tiene la sartén por el mango» (tiene control de la situación). ¿Por qué sí o por qué no?

«Yo sí estoy buscando cómo hacer puentes, una propuesta para el espectador de hoy que ve tantísimo cine estadounidense, que tiene tanta prisa y le gusta la acción y los efectos especiales; que vive en un mundo bombardeado de imágenes publicitarias, manipuladoras. Me planteo modos de volver a contar historias sobre nosotros los mexicanos: quiénes y cómo somos, la forma en que nuestra madre nos ayudó a comer; el porqué cuando nos tomamos dos copas, cantamos los boleros con todas sus letras *(lyrics)*: debajo del cascarón *(shell, hard skin)* cosmopolita, contemporáneo y global que se tenga, en realidad existe una forma de ser, definida por nuestra cultura, medio y relaciones.»

—María Novaro,
en una entrevista con Gabriel Ríos
en Aguascalientes, México, el 26 de agosto, 2000.

En *Danzón,* ¿muestra Novaro una «forma de ser» mexicana? Describa algunas escenas y señale las diferencias que tendría con una película de Hollywood.

CAPÍTULO 5

Técnicas de duelo: Una cuestión de honor

Presentación de la película: En un pequeño pueblo de los Andes, casi todo el mundo habla del inminente duelo entre el maestro de la escuela y el carnicero *(butcher),* que hasta ayer fueron amigos y compañeros en el partido político de oposición.

*El celebrado guionista y director colombiano Sergio Cabrera nació en Medellín, Colombia, en 1950. Hijo de actores españoles exiliados de la España franquista (del dictador Francisco Franco), a los diez años se mudó con su familia a la República Popular China, donde realizó sus estudios secundarios. A los dieciocho años volvió a Colombia y se unió a la guerrilla. Después de cuatro años con la guerrilla viajó a Londres *(London),* donde estudió cinematografía. Su primer largometraje, *Técnicas de duelo* (1988), recibió varios premios internacionales. El mismo año fue elegido diputado en el congreso colombiano.

*Cabrera alcanzó el éxito internacional con *La estrategia del caracol* (1994). Sus largometrajes posteriores son *Águilas no cazan moscas* (1994), *Ilona llega con la lluvia* (1996) y *Golpe de estadio* (1999). También ha realizado más de treinta cortometrajes. Trabaja en la televisión como director y guionista de varias series de televisión, y como director y productor de anuncios publicitarios.

*Esta película se basa en un incidente real que ocurrió en diciembre de 1956 durante la dictadura del general Gustavo Rojas Pinilla. En ella se menciona el estado de sitio *(state of seige)* declarado por el dictador como respuesta a la violencia rural entre liberales y conservadores.

Preparación

Vocabulario preliminar
Cognados

la autoridad	el duelo	la oposición	el/la sargento
la autorización	el machete	la policía	el/la secretario(a)
el/la carpintero(a)	el revólver	el sacristán	

El duelo

el arma (arma de fuego	*weapon (firearm)*
el ataúd	*coffin*
la caja (el cajón) de muerto	*coffin*
desafiar (el desafío)	*to challenge (challenge)*
disparar	*to shoot, fire (e.g., a gun)*
el fierro	*gun*
el gatillo	*trigger*
pelearse (pelear a puño limpio/a golpes)	*to fight (to have a fistfight)*
el preámbulo	*preliminary*
¡Pum!	*Bang!*
rematar	*to finish off*
el tiro (pegar un tiro, a tiros)	*shot (to shoot, by shooting)*
la tumba	*grave*

Otras palabras

el/la agente	*(police) officer*
el alcalde (la alcaldesa)	*mayor*
el/la carnicero(a)	*butcher*
firmar	*to sign*
hacer trampa	*to cheat*
el/la juez(a)	*judge*
el/la maestro(a)	*teacher*
la medallita	*medal*
meterse	*to get involved, interfere*
el/la profesor(a) (de secundaria)	*(high school) teacher*
el río	*river*
el trago	*(alcoholic) drink*
la vaina	*problem; thing, matter (colloquial, Col., Perú, Ven.)*

A. En el pueblo. Complete las oraciones con palabras de las listas «Cognados» y «Otras palabras».

1. Al maestro todos lo llaman _____ Albarracín.

2. El sargento de policía le da órdenes al _____ Alegría.

3. Los niños nadan en el _____.

4. Se usan _____ para cortar la vegetación.

5. El _____ ayuda al padre Troncoso en la iglesia.

6. El _____ vende buena carne.

7. El _____ escribe cartas para el alcalde.

8. El _____ hace objetos de madera.

9. El _____ se preocupa de las cuestiones legales.

10. El _____ recibe a los dignatarios que visitan el pueblo.

11. La _____ mantiene el orden público.

B. Un duelo. Escoja la respuesta apropiada.

1. ¿El carnicero desafió al maestro?

    a. Sí, va a haber un duelo en la plaza al mediodía.

    b. Sí, los dos tienen mucha autoridad.

    c. Sí, porque son amigos y tienen las mismas ideas políticas.

2. ¿Van a pelearse a tiros?

    a. Sí, van a pelearse a golpes.

    b. Sí, van a usar revólver.

    c. Sí, van a pelearse a puño limpio.

3. ¿Cómo se dispara un revólver?

    a. Hay que jalar *(pull)* el gatillo.

    b. Hay que usar un fierro.

    c. Hay que usar un arma de fuego.

4. ¿No se va a hacer nada para prevenir *(prevent)* el duelo?

    a. Sí, el sargento va a darles un fierro.

    b. No, aquí nadie se mete en los problemas de honor.

    c. Sí, el juez va a invitarlos a tomar un trago.

5. ¿Qué va a hacer el carpintero?

    a. Va a firmar la autorización.

    b. Va a ponerse una medallita.

    c. Va a hacer dos ataúdes.

6. ¿Cuáles son los preámbulos de un duelo?

    a. Se pone el ataúd en la tumba.

    b. Se pone el cadáver en la caja de muerto.

    c. Se escogen las armas y se deciden el lugar y la hora.

7. ¿Te parece que el carnicero va a jugar sucio *(cheat)?*

    a. No, siempre dice ¡Pum! cuando dispara el revólver.

    b. No, no creo que sea de la oposición política.

    c. No, no creo que haga trampa.

8. ¿Va a rematar el duelista a su oponente?

    a. Sí, parece que ya lo va a matar.

    b. No sé. No sé nada de estas vainas.

    c. a y b

Antes de ver la película

A. **Los conflictos y los abusos**

1. ¿Ha tenido usted alguna vez un conflicto grave con un(a) buen amigo(a)? ¿Lo resolvieron ustedes o no? En caso afirmativo, ¿cómo lo resolvieron?

2. ¿Ha sido usted alguna vez víctima de la corrupción o ineficacia *(inefficiency)* de su gobierno local, estatal/provincial o nacional? Explique.

3. ¿Conoce usted a alguna figura religiosa de pocos escrúpulos? ¿Qué abusos ha cometido esta persona?

B. **Los personajes.** Después de ver la película, diga con qué personaje(s) se asocia cada una de las siguientes cosas y explique por qué. A continuación hay una lista de personajes.

1. las cajas de muerto

2. las llaves

3. el machete

4. la medallita

5. las orejas sucias

6. el río

7. la tiza *(chalk)*

8. los tragos

9. las tumbas

10. las campanadas *(strokes of a bell)*

11. el gatillo

el agente Alegría	el fotógrafo	Pabón
el carpintero	la madre de don Oquendo	Pacífico
el doctor Zarabia	Masato	el padre Troncoso
don Ignacio	Miriam	el sargento
don Oquendo	el niño Oquendo	la señora Encarnación

Note:
Your instructor may ask you to read over the questions in the section **Exploración** before you see the film, in order to improve your understanding of it.

Investigación

Busque información sobre uno de los temas que siguen.[*]

1. el concepto del honor en los países hispanos

2. «la Violencia» en Colombia

3. la dictadura del general Gustavo Rojas Pinilla

Exploración

A. ¿El profesor Albarracín, don Oquendo o el niño Oquendo? Indique qué personaje va a ver a las siguientes personas, y explique el motivo y el resultado de la visita.

1. el carpintero

2. el doctor Zarabia

3. el fotógrafo

4. la madre de don Oquendo

5. Miriam

6. el padre Troncoso

7. el sargento

8. la señora Encarnación

---

[*] The **Investigación** sections suggest topics related to the movie that you may want to find out more about. Your instructor may assign these to individuals or groups and have them report the information to the class.

B. El duelo. Conteste las preguntas.

1. ¿Quién quiere que el profesor y don Oquendo se maten *(kill each other),* y por qué?

2. ¿Quién quiere que don Oquendo mate al profesor, y por qué?

3. ¿Quiénes no saben que va a tener lugar el duelo? ¿Por qué no lo saben?

4. ¿De qué tienen miedo los niños de la escuela? ¿Qué piensan hacer?

5. ¿Hay alguien que trate de prevenir *(prevent)* el duelo? Explique.

C. ¿Por qué no funciona? Explique por qué el profesor Albarracín y don Oquendo no usan, o dejan de usar, las siguientes armas.

1. el revólver

2. el machete

3. los puños

Análisis y contraste cultural

Vocabulario

El dinero y las apuestas

apostar (ue) (la apuesta)	*to bet (bet)*
el arriendo	*rent*
la caja (caja menor)	*cash desk, till (petty cash)*
el cheque	*check*
deber	*to owe*
en efectivo	*in cash*
el empate	*tie*
el gasto	*expense*
la plata (*diminutive*: platica)	*money (colloquial)*
por anticipado	*in advance*
prestar	*to lend*
el presupuesto	*estimate*

La religión

el alma	*soul*
arrepentirse (el arrepentimiento)	*to repent (repentance)*
bendecir (la bendición)	*to bless (blessing)*
la campanada	*stroke of a bell*
la cofradía	*religious brotherhood*
el demonio	*the devil*

La religión (continuación)

el/la feligrés (feligresa)	*parishioner*
la limosna	*contribution*
la oración	*prayer*
el pecado	*sin*
la penitencia	*penance*
perdonar	*to forgive*
Satanás	*Satan*
el templo	*church*

A. El dinero y las apuestas. Complete el párrafo con la forma apropiada de palabras de la lista «El dinero y las apuestas». ¡Ojo! Hay que conjugar algunos verbos.

Don Ignacio le (1) _____ tres meses de (2) _____ a la señora Encarnación

porque no le llegan los (3) _____ del Ministerio de Educación. Por eso tiene que

pedirle a la señora que le (4) _____ algún dinero en (5) _____. El doctor

Zarabia le dice que hay ciertos (6) _____ que tiene que pagar

por (7) _____ y le da un (8) _____. En la plaza, el doctor Zarabia, el

sargento y don Pabón (9) _____ al duelo. Todos van por el carnicero. Don Pabón

va a usar la (10) _____ que queda en la (11) _____ menor. Si hay

un (12) _____, el doctor Zarabia se queda con *(keeps)* todo el dinero.

B. La absolución... por un precio. Complete el párrafo con la forma apropiada de palabras de la lista «La religión».

Don Oquendo, preocupado por su (1) _____, va a ver al padre Troncoso para pedirle

la absolución por lo que va a hacer. El padre le dice que no lo puede (2) _____ por un

acto que no ha cometido todavía. Para conseguir la absolución «hasta aquí» tiene

que (3)_____ y la (4) _____ tiene que ser severa porque el carnicero

ha cometido todos los (5) _____. El padre le pide una (6) _____ para la

renovación del (7) _____. Don Oquendo le da el dinero y el padre le da

su (8) _____. Don Oquendo promete ser un nuevo y devoto (9) _____ si no muere en el duelo y el padre le dice que acabe las (10) _____ que pueda antes de

las doce. Al mediodía se oyen doce (11) _____. Antes del duelo hay una ceremonia

durante la cual hacen miembro de una (12) _____ a don Oquendo. Cuando el agente

Alegría trata de despejar *(clear)* la plaza, los cofrades le dicen, «¡Atrás, (13) _____!»

como si fuera el mismo (14) _____.

Nota cultural

Las cofradías son asociaciones de personas laicas *(lay, secular)* consagradas al culto religioso y la ayuda mutua. Los miembros rezan juntos, visitan a los enfermos, cuidan a los miembros más pobres y asisten a funerales. Normalmente se dedican a la veneración de un santo, una reliquia o un santuario. En las procesiones, la cofradía lleva una estatua del santo o una reliquia. Un ejemplo famoso son las procesiones de la Semana Santa en Sevilla, España.

Temas de conversación o composición

Discuta con sus compañeros los temas que siguen.*

1. la corrupción (¿Qué evidencias existen de la corrupción del doctor Zarabia, del sargento y del padre Troncoso?)

2. la intolerancia (¿Quiénes se muestran intolerantes con las creencias políticas o religiosas de los demás [de los otros]?)

3. la fe *(faith)* religiosa (¿Qué puede representar la señora Encarnación? ¿la madre de don Oquendo? ¿los miembros de la cofradía? ¿Por qué cree usted que el profesor no se quita la medallita cuando don Oquendo se quita el símbolo religioso que le ponen los miembros de la cofradía?)

4. la burocracia (¿Por qué no tiene dinero don Ignacio? ¿Qué evidencias existen de la ineficacia *(inefficiency)* y corrupción de don Pabón?)

5. el código de honor (Según este código, ¿qué tiene que hacer un hombre que se siente herido *(wounded)* en su honor personal, aunque no quiera hacerlo? ¿Qué relación tiene el código de honor con el machismo? ¿En qué siglos era común el duelo por cuestiones de honor personal en este país?)

---

* Your instructor may ask you to report back to the class or write a paragraph about one of the topics.

6. la disputa (¿Por qué no se especifica el motivo del duelo entre el maestro y el carnicero? Según su opinión, ¿cuál pudo ser el motivo del desafío de don Oquendo?)

7. la sátira (¿Cómo se usa el ridículo para criticar el código de honor? ¿los abusos de los líderes políticos, religiosos y del orden público? ¿los abusos de los burócratas?)

8. la farsa (Comente el uso de las situaciones improbables, los personajes esterotipados y la exageración en la película.)

9. el humor negro (¿Cómo se combinan los elementos morbosos y cómicos en la película? Dé algunos ejemplos. ¿Le gusta, o no, este tipo de humor?)

Hablan los personajes

Analice las siguientes citas, explique de quién son y póngalas en contexto. (Para una lista de los personajes, ver el ejercicio B, «Antes de ver la película».)

1. «Mi muerte, prevista para el mediodía de hoy, será un resultado exclusivo del azar *(chance, fate)*. Es, por lo tanto, una muerte natural.»

2. «El doctor casi nunca se aparece por aquí por la mañana.»

3. «Déjelos que se maten. Dos votos menos de la oposición.»

4. «Tiene toda la razón, señor juez, perdón, señor alcalde.»

5. «Es por si acaso el viejo Oquendo le juega sucio al profesor Albarracín, ¿entienden?»

6. «Depende del tamaño de su alma. Un alma generosa es un alma grande. Y también depende de su arrepentimiento.»

7. «Eso sí. Eso sí es posible. A mis años siempre pienso en eso todos los días.»

8. «Ahora, quieto como un muerto.»

9. «Usted y yo somos las únicas personas serias de este pueblo.»

10. «¡Es increíble! Parece que ganamos, ¿o no?»

Hablando de la cultura...

¿Con qué se desayuna la familia de don Oquendo? Si la acción de esta película tuviera lugar en un pueblo norteamericano o canadiense en los años cincuenta, ¿qué tomaría la familia en el desayuno?

¿Cómo se manifiestan la charlatanería e intolerancia religiosas en la película? ¿Cómo se trataría este tema en una película norteamericana o canadiense?

Hablan los críticos y los directores

Según Manavendra Thakur, "the only main criticism of the film is that it unnecessarily repeats shots of the butcher's wife washing clothes and swimming as the men prepare for and fight their duel. The idea is to show how oblivious she is, but that is already apparent very early in the film."

Recent Colombian cinema comes to Boston, via MFA,
http://www-tech.mit.edu/V110/N29/mfa.29a.html

Según su opinión, ¿cuál es la función de estas escenas? ¿Cree que se insiste demasiado en ellas? ¿Por qué ignora Miriam los hechos?

CAPÍTULO 6

La ciudad y los perros

Presentación de la película: Los cadetes de quinto año del Colegio Militar de Lima atormentan al Esclavo. Además, se ha descubierto el robo de un examen de química y los cadetes que estaban de guardia la noche del robo han quedado confinados en el colegio hasta que se descubra la identidad del ladrón *(thief)*. El Esclavo sabe quién robó el examen, pero en el colegio no hay estigma peor que ser un soplón *(snitch)*. Hace cinco semanas que no sale a la calle y está desesperado por ver a Teresa...

*Francisco Lombardi es director de cine y televisión, productor, guionista y crítico de cine. Nacido en Tacna en 1949, es el director peruano más conocido, ganador de numerosos premios internacionales. Lombardi logró el éxito internacional en 1985 con *La ciudad y los perros,* año en que se llevó el premio al mejor director en el Festival Internacional de Cine de San Sebastián. La película se basa en la novela del mismo título del gran escritor peruano Mario Vargas Llosa. Lombardi ha hecho trece largometrajes y varias telenovelas. Sus películas más recientes son la popularísima *Pantaleón y las visitadoras* (1999), también basada en una novela de Vargas Llosa, y *Tinta roja* (2000), basada en una obra del novelista chileno Alberto Fuguet.

*La publicación de la novela *La ciudad y los perros,* de Mario Vargas Llosa, en 1962 hizo famoso a su autor y causó un escándalo en Perú. La novela tiene como escenario el Colegio Militar Leoncio Prado, donde estudió Vargas Llosa a principios de los años cincuenta. En una ceremonia pública, en el patio de ese colegio, se quemaron *(burned)* cientos de ejemplares de la novela.

Preparación

Vocabulario preliminar

Cognados

la acusación	la complicación	el/la imbécil
la boa	la confesión	el jaguar
el brigadier	la disciplina	el/la poeta
el/la cadete	el documento	la sección

El colegio militar

el círculo	circle (social group)
el colegio	school, academy
la consigna (consignar)	confinement to the grounds (to confine to the grounds) (colloquial, military)
el/la coronel(a)	colonel
la cuadra	barracks
estar de guardia	to be on guard duty
expulsar	to expel
el internado	boarding school
el/la oficial	officer
el/la teniente	lieutenant
el traslado (trasladar)	transfer (to transfer)

La investigación

el informe	report
el/la ladrón (ladrona)	thief
la requisa	inspection, search
el robo (robar)	theft (to steal)

Otras palabras

aguantar	to stand, put up with
el/la esclavo(a)	slave
el rulo	curl (Perú, Southern Cone)
el/la serrano(a)	hillbilly; peasant (someone from the sierra)

A. ¿Cuál es? Complete las oraciones con la palabra apropiada.

1. Al cadete de pelo rizado lo llaman...

    a. «el Rulos».

    b. «el Boa».

    c. «el Poeta».

2. Al cadete que viene de la sierra lo llaman...

    a. «el Esclavo».

    b. «el Jaguar».

    c. «el Serrano».

3. El coronel dice que en el colegio no hay suficiente...

    a. confesión.

    b. disciplina.

    c. complicación.

4. Esos cuatro cadetes formaron un...

    a. documento.

    b. teniente.

    c. círculo.

5. El cadete que es jefe de una sección es...

    a. la acusación.

    b. el imbécil.

    c. el brigadier.

6. El sargento quiere vivir en otra ciudad. Va a pedir...

    a. el traslado.

    b. la consigna.

    c. la acusación.

7. Los cadetes viven en el colegio porque es...

   a. una cuadra.

   b. un oficial.

   (c.) un internado.

8. Por fumar en el colegio, esos cadetes están...

   a. robados.

   b. trasladados.

   (c.) consignados.

B. Un robo en el colegio. Complete las oraciones con palabras de la lista.

aguanta	informe	robo
expulsar	ladrón	soplón
guardia	requisa	

1. Se descubrió el _____ de un examen.

2. El teniente trató de averiguar la identidad del ___ladrón___.

3. Un cadete que estaba de _____ lo vio.

4. No dijo nada porque nadie quiere ser un _____.

5. Sin embargo, el cadete ya no _____ más la consigna.

6. El teniente hizo una ___requisa___, pero no halló evidencias.

7. El teniente escribió un ___informe___ sobre el incidente y lo presentó al coronel.

8. Si descubren quién es, seguramente lo van a ___expulsar___ del colegio.

Antes de ver la película

A. En la escuela secundaria

1. ¿Conoce usted a alguien que haya asistido a un colegio militar? ¿A un internado? ¿Cómo era la vida allí?

2. ¿Había en su escuela secundaria algún (alguna) estudiante a quien se trataba mal? ¿Por qué se lo (la) trataba así? ¿Había algún (alguna) estudiante de quien se tenía miedo? ¿a quien se consideraba un héroe?

3. ¿Qué actividades prohibidas se hacían en su escuela secundaria? ¿Qué objetos prohibidos tenían algunos estudiantes? ¿Se daban cuenta el director y los profesores de lo que pasaba? ¿Se expulsó a alguien? ¿Cuál fue el motivo de la expulsión?

4. ¿Pasó algo escandaloso durante sus años en la secundaria? Si es así, ¿trató la administración de ocultar la verdad?

5. ¿Bautizaban *(Did they haze, initiate)* a los estudiantes nuevos en la secundaria? ¿En la universidad? Explique.

B. ¿Quién es quién? Lea las descripciones y los nombres de los personajes. Después de ver la película, empareje cada personaje con su descripción.

___ 1. un cadete que escribe y vende cartas y novelitas eróticas	a.	el Boa
d. 2. un cadete que no sabe defenderse	b.	Arróspide
e. 3. un cadete muy macho, jefe del Círculo	c.	el coronel
g. 4. un cadete de pelo rizado	d.	el Esclavo (Ricardo Arana)
___ 5. un cadete que anda con una perra	e.	el Jaguar
___ 6. un cadete que viene de la sierra	f.	la Pies Dorados
___ 7. un cadete que es líder de la Primera Sección de quinto año	g.	el Poeta (Alberto Fernández)
j. 8. un oficial duro pero derecho *(honest, straight)*	h.	el Rulos
___ 9. un oficial hipócrita que quiere ocultar la verdad	i.	el Serrano (Cava)
k. 10. una muchacha de Lima	j.	el teniente Gamboa
___ 11. una prostituta	k.	Teresa

Note:
Your instructor may ask you to read over the questions in the section **Exploración** before you see the film, in order to improve your understanding of it.

Investigación

Busque información sobre uno de los temas que siguen.[*]

1. Mario Vargas Llosa

2. el Colegio Militar Leoncio Prado

3. las «guerras sucias» en Perú

4. el Sendero Luminoso

Exploración

A. La reconstrucción del caso del Esclavo. Ponga los hechos en orden cronológico. Después mencione dos o tres detalles adicionales para cada uno. Finalmente, añada dos o tres hechos más.

____ Se descubre el robo del examen y quedan consignados los cadetes que estaban de guardia.

____ El teniente Gamboa presenta su informe al mayor Garrido.

____ Arróspide acusa al Jaguar de ser soplón.

____ El Serrano roba el examen de química.

____ El coronel les da un informe a los oficiales (la versión oficial de la muerte del Esclavo).

____ El Esclavo le dice al teniente Huarina que el Serrano robó el examen.

____ El Poeta visita a Teresa para decirle que el Esclavo no puede llegar a su compromiso (cita) con ella.

____ El Jaguar le entrega su confesión al teniente Gamboa.

____ El Esclavo queda consignado por pasarle las fórmulas del examen al Poeta.

____ El Poeta visita al teniente Gamboa y acusa al Jaguar de haber matado al Esclavo.

____ El Poeta y Teresa van al cine.

____ El Poeta retira su acusación.

____ Muere el Esclavo.

____ El teniente Gamboa requisa los roperos.

____ Se expulsa al Serrano.

---

[*] The **Investigación** sections suggest topics related to the movie that you may want to find out more about. Your instructor may assign these to individuals or groups and have them report the information to the class.

B. La investigación. Usted está encargado(a) de llevar a cabo una nueva investigación sobre la muerte del cadete Ricardo Arana. Conteste las siguientes preguntas sobre el caso. Después formule dos o tres preguntas adicionales.

1. ¿Quiénes eran los miembros del Círculo y cuáles eran sus actividades?

2. ¿Por qué se maltrataba al cadete Arana en el colegio?

3. ¿Qué motivo podía tener el Jaguar para matar al cadete Arana?

4. ¿Por qué creía el teniente Gamboa que la acusación del cadete Fernández debía ser investigada?

5. ¿Realmente sabía el cadete Fernández si el Jaguar había matado al Esclavo o no?

6. ¿Qué conflicto hubo entre el teniente Gamboa y el mayor Garrido?

7. ¿Por qué retiró su acusación el cadete Fernández?

8. ¿Por qué le dieron el traslado a Juliaca al teniente Gamboa?

9. ¿Por qué no quería el coronel que se investigara el incidente?

Análisis y contraste cultural

Vocabulario

La investigación

el calabozo	*cell*
la campaña	*maneuvers*
el cigarrillo	*cigarette*
el cigarro	*cigarette*
los dados	*dice*
la denuncia	*accusation*
encerrar	*to lock up*
el fusil	*rifle*
la ganzúa	*lock pick*
los naipes	*playing cards*
el pisco (*diminutive*: pisquito)	*grappa (brandy)*
la prevención	*guardhouse*
las pruebas	*proof, evidence*
el reglamento	*regulations*
retirar (retirarse)	*to withdraw (e.g., an accusation) (to leave)*
el ron	*rum*
el ropero	*locker*
el soplo (soplar)	*tip-off (to cheat)*

La investigación (continuación)

romper	*to break*
el trago	*drink; liquor*
vengarse	*to take revenge*
el vidrio	*windowpane*

En el colegio militar

el bautizo (bautizar)	*initiation (to initiate)*
el ejército	*army*
los galones	*(military) stripes*
tirar contra	*to go over the wall, sneak out (colloquial)*

Otras palabras

el/la cholo(a)	*person of mixed Indian and European race (Andean region)*
el/la cobarde	*coward*
el compadre	*buddy*
fregar	*to bother, annoy, screw over (colloquial)*
hacerse el loco	*to play the fool*
el marica, el maricón	*homosexual (pejorative); coward*
la plata	*money*
portarse	*to behave*
el/la traidor(a)	*traitor*

A. Los soplos. Complete el párrafo con palabras de la lista.

calabozo ~~cell~~ ~~manvos~~	encerró ~~lockup~~ ~~overthase~~	roto ~~broken~~	vengarse ~~to take revenge~~
campaña	prevención	soplo ~~tip off~~	vidrio ~~windowpane~~

El robo del examen de química se descubrió porque el Serrano había (1) _____ un

(2) _____. El Esclavo fue al teniente Huarina con el (3) _____ porque

después de cinco semanas de consigna estaba desesperado por ver a Teresa. El Esclavo fue mor-

talmente herido durante la última (4) _____ del año. El Poeta le dijo al teniente Gam-

boa que lo mató el Jaguar para (5) _____ por la expulsión del Serrano. También le

contó las actividades del Círculo. El teniente Gamboa mandó al Jaguar a la (6) _____ y

también (7) __encerró__ al Poeta en el (8) __calabozo__ para su protección.

B. La requisa. Complete el párrafo con palabras de la lista.

cigarrillos	ganzúas	pruebas	ron
dados	naipes	~~reglamento~~	~~roperos~~
fusil	pisco	retirar	

Durante una requisa de los (1) _roperos_ se encontraron evidencias de violaciones del (2) _reglamento_ por parte de todos. Era evidente que fumaban y tomaban alcohol porque había (3)_____ y botellas de (4) _____ y de (5) _____. Además había (6) _____ y (7) _____, revistas eróticas, novelitas del Poeta y (8) _____ para facilitar el robo. El teniente Gamboa escribió un informe, pero el coronel insistía en que el Esclavo se había matado con su propio (9) _____ . El Poeta tuvo que (10) _____ su denuncia porque no tenía (11) _____.

C. Declaraciones falsas. Durante la investigación se hicieron las siguientes declaraciones falsas. Corríjalas.

1. Todos querían portarse como el Serrano.

2. Los «perros» bautizaron a los cadetes mayores.

3. El Boa se hacía el loco.

4. Todos consideraban que el Poeta era un marica y un cobarde.

5. Los cadetes les decían «Oye, compadre» a los oficiales.

6. Le quitaron los galones al teniente Gamboa.

7. No había ningún cadete cholo.

8. Todos fregaban al brigadier.

9. El Esclavo tiró contra porque tenía celos.

10. El Esclavo le prestó plata al Poeta para comprar cigarrillos.

11. El Poeta quería ser un oficial del ejército.

12. Los cadetes escribieron «Boa traidor» en los baños.

13. El teniente Gamboa tomó un trago antes de la última campaña del año.

Nota cultural

Después del entierro (*burial*) del Esclavo, el Poeta entra en un bar y toma un trago antes de llamar por teléfono al teniente Gamboa. (En una película norteamericana o canadiense, ¿cómo conseguiría un trago un estudiante de secundaria?)

Temas de conversación o composición

Discuta con sus compañeros los temas que siguen.[*]

1. la crítica social (¿Qué clases sociales y grupos raciales están representados en el colegio? ¿De qué regiones del país vienen los cadetes? ¿Qué injusticias se cometen? ¿Le parece a usted que el colegio puede representar a la sociedad peruana?)

2. el machismo (¿Cómo se manifiesta en el colegio? ¿y en el ejército? ¿y en la sociedad peruana? ¿Cuál es la relación entre el machismo, la violencia y la degradación? ¿Es el Esclavo la única víctima del machismo?)

3. los cadetes (Por lo general, ¿están en el colegio porque quieren? ¿Por qué están allí, según el teniente Gamboa? ¿Quiénes son los «perros»? ¿Qué trato reciben a manos de los estudiantes mayores? Cuando los «perros» llegan a ser cadetes, ¿cómo tratan ellos a los nuevos «perros»? ¿Cómo se tratan entre sí los cadetes de quinto año? ¿Respetan los cadetes el reglamento? ¿Tienen su propio código moral? Explique.)

4. los oficiales (¿Cómo tratan a los cadetes? ¿Le parece a usted una buena manera de formar líderes militares? ¿Cómo se tratan entre sí? ¿Cuál es el lema (*motto*) del colegio militar? ¿Son coherentes con el lema las acciones del coronel? ¿y las acciones de los otros oficiales? ¿Saben los oficiales lo que pasa en la cuadra?)

5. el personaje del Esclavo (¿Cómo es? ¿De qué clase social es? ¿Quiere ser militar? ¿Por qué abusan de él sus compañeros? ¿Cuál es su dilema moral? ¿Qué habría hecho usted en su lugar?)

6. el personaje del Serrano (¿De dónde es? ¿De qué clase social es? ¿De qué raza? ¿Qué podría significar para él graduarse en el colegio militar?)

7. el personaje del Poeta (¿Cómo es? ¿De qué clase social es? ¿Por qué lo mandaron al colegio militar? ¿Qué le aconseja al Esclavo para sobrevivir en el colegio? ¿Cómo se hace respetar sin pelear mucho? ¿Hay alguna discrepancia entre lo que escribe y dice de las mujeres, y su manera de portarse con Teresa? ¿Cuál es su dilema moral? ¿Qué habría hecho usted en su lugar?)

---

[*] Your instructor may ask you to report back to the class or write a paragraph about one of the topics.

8. el personaje del teniente Gamboa (¿Cómo es? ¿Qué opinión tienen de él los cadetes y los demás oficiales? ¿Cuál es su dilema moral? ¿Qué habría hecho usted en su lugar?)

9. el personaje del Jaguar (¿Cómo es? ¿Con quiénes se asociaba antes de ingresar al colegio? ¿Por qué lo mandaron al colegio militar? ¿Dónde le dicen que va a acabar *(end up)* algún día? ¿Por qué dice el Poeta que el Jaguar es distinto de los demás cadetes? ¿Por qué hacen todos lo que él dice? ¿Por qué se vuelven todos contra él? ¿Por qué el Jaguar no dice quién es el verdadero soplón? ¿Por qué dice que los de la Sección eran como su familia? ¿Cree usted que realmente mató al Esclavo? Si no lo mató, ¿qué motivo podía tener para escribir una confesión?)

10. la amistad y la traición (Discuta la relación entre el Poeta y el Esclavo, entre el teniente Huarina y el teniente Gamboa, entre los miembros del Círculo. ¿Cómo se relacionan entre sí? ¿Quiénes traicionan a quiénes?)

11. la vicuña (¿De dónde fue traído este animal? ¿En qué momentos aparece? ¿Qué puede representar, según su opinión?)

12. la música (¿En qué consiste la música de la mayoría de las escenas? ¿Le parece que la música realza *(enhances)* la película?)

Una escena memorable

¿Quiénes son estos personajes? ¿Cómo son? ¿Qué pasa en esta escena?

Hablan los personajes

Analice las siguientes citas, explique de quién son y póngalas en contexto. (Para una lista de los personajes, ver el ejercicio B de la sección «Antes de ver la película».) También están el mayor Garrido y el teniente Huarina.

1. «Si saben que tienes miedo, te fregaste. Hay que hacerse el macho, ¿te das cuenta?»

2. «...todos son abusivos. Son resentidos y acomplejados *(full of complexes)* porque son cholos. ¡Pobres!»

3. «En el ejército, los errores son fatales y el sentimentalismo, criminal.»

4. «Con la conciencia limpia se gana el cielo *(heaven)* ... pero no siempre los galones.»

5. «Ahora regresa a tu cuadra. Tú no has matado a nadie.»

6. «Gamboa es igual a todos... una basura *(garbage).*»

Hablando de la cultura...

Los tenientes Huarina y Gamboa se abrazan cuando este último sale para Juliaca. ¿Cómo se despedirían dos oficiales amigos de habla inglesa?

Fíjese en el gesto *(gesture)* que hace el secretario del coronel cuando el Poeta lee un pasaje de una de sus novelitas. ¿Qué haría un personaje de habla inglesa para expresar la misma reacción?

Hablan los críticos y los directores

Según Jed Deppman, la película "bitterly depicts the Machiavellian truth of a socio-military system: in this world political reality is the only reality and power is the only coin ... the character of 'The Colonel' gives focus to this critique, for to keep power he distributes injustice to Cava, Jaguar, Gamboa, the Poet, the Slave, and probably others."

"Francisco Lombardi's *La ciudad y los perros,*"
http://www.humanities.eku.edu/DEPPMAN/laciudad.htm

¿Está de acuerdo con esta interpretación? ¿Qué injusticias comete el coronel contra los personajes mencionados?

CAPÍTULO 7

Todos somos estrellas

Presentación de la película: El programa de televisión «Todos somos estrellas» presenta a una familia peruana todas las semanas, una familia modelo. Un día los Huambachano reciben una noticia que les sorprende mucho: ¡van a ser las «estrellas» de la semana!

* Luis Felipe Degregori nació en Lima, Perú, en 1954. Estudió cinematografía en la Escuela de Cine de Moscú. En 1977 regresó a Perú y se dedicó a la producción de cortometrajes: *Daniel A. Carrión* (1977), *El día de mi suerte* (1978) y *Para el día en que muera* (1978). Trabajó con Francisco Lombardi como asistente de dirección y productor asociado en *La boca del lobo* (1988) y *Caídos del cielo* (1990). Entre sus largometrajes están *Abisa* (sic) *a los compañeros* (1977), *Todos somos estrellas* (1993) y *Ciudad de M* (2000).

*La película se basa en una historia original de Degregori y Ronnie Temoche.

Todos somos estrellas obtuvo el Gran Premio «Círculo Pre-Colombiano de Oro» en el Festival de Santa Fe de Bogotá en 1993; el Gran Premio «Sur del Mundo» en el Festival de Cine Latinoamericano de Trieste (Italia) y el Primer Premio «Casa de las Américas» en el Festival de Cine de Comedias de Peñíscola, España.

Preparación

Vocabulario preliminar

La televisión

el/la camarógrafo(a)	*camera operator*
el canal	*channel*
el concurso	*contest*
el control remoto	*remote control*
la copa	*cup (e.g., won in a contest)*
la estrella	*star*
filmar	*to film*
el premio	*prize*
el programa (en vivo)	*(live) program*
regalar	*to give as a gift*

La costura *(Sewing)*

coser	*to sew*
la costurera	*seamstress, dressmaker*
el forro	*lining, cover (e.g., for furniture)*
la máquina (de coser)	*(sewing) machine*
probarse (ue)	*to try on*
la sastrería	*tailor's shop or business*
el vestido de novia	*wedding dress*

Otras palabras

arreglar	*to fix*
el asilo de ancianos	*old folks' home, residence for the elderly*
cambiar	*to change*
enterarse	*to find out*
equivocarse	*to be wrong*
pegar	*to hit*
el peinado	*hairdo*
la peluquería	*beauty or barber shop*
pintar	*to paint*
la pintura	*paint*
plantar a alguien	*(colloquial) to stand someone up*

A. Un día de mala suerte. Escoja las palabras apropiadas para completar el párrafo.

Mi hermana es _____ (1. concurso / costurera) en una _____

(2. sastrería / peluquería). Sabe _____ (3. coser / pintar) muy bien y tiene una

_____ (4. camarógrafa / máquina) muy buena. En el trabajo hace vestidos de muchas clases, pero se especializa en vestidos de _____ (5. novia / forros).

Desgraciadamente ayer tuvo un problema cuando una señorita llegó a _____

(6. probarse / enterarse) su vestido. La chica había ido a la peluquería y tenía

un _____ (7. peine / peinado) muy exagerado que no le gustaba. Se puso el vestido

y no le quedaba bien. Mi hermana tuvo que _____ (8. arreglarlo / regalarlo) muy

rápidamente porque la boda iba a ser ese mismo día. Más tarde fuimos a la iglesia con toda la

familia para asistir a la boda. Esperamos y esperamos, pero no pasó nada. Finalmente el padre

de la novia hizo un anuncio. Resultó que el novio había _____ (9. pegado /

plantado) a su hija allí en la iglesia. ¡Qué mala suerte!

B. **¡Falta algo!** Escoja la palabra más lógica para completar la frase.

1. Mi padre tiene ochenta años pero nunca lo vamos a mandar…

   a. a un programa en vivo.

   b. a un asilo de ancianos.

   c. a una sastrería.

2. Mi padre me vuelve loca porque siempre tiene el control remoto en la mano y le gusta…

   a. cambiar de canal todo el tiempo.

   b. probar nuevas pinturas.

   c. mirar los mismos programas que me gustan a mí.

3. En el concurso de esta semana al ganador le dan una copa y $2.500; además se dan…

   a. varias estrellas.

   b. varios problemas.

   c. varios premios.

4. Iba a filmar el concierto de los niños, pero…

   a. me equivoqué de lista.

   b. se me olvidó la cámara.

   c. no tenía control remoto.

Antes de ver la película

A. La televisión

1. ¿A usted le gusta ver televisión?

2. En general, ¿qué clase de programas le gustan? ¿Qué clase de programas no le gustan?

3. ¿Le gustan programas como «Wheel of Fortune» o «The Weakest Link»?

4. ¿Tiene un programa favorito? Descríbalo.

B. Los personajes.
Lea las descripciones y los nombres de los personajes. Después de ver la película, empareje cada personaje con su descripción.

____ 1. la madre de la familia

____ 2. el hijo mayor

____ 3. el hijo menor

____ 4. la hija

____ 5. la ahijada *(goddaughter)* de Carmen

____ 6. un hombre que está enamorado de Carmen

____ 7. la animadora *(host)* del programa «Todos somos estrellas»

____ 8. la asistenta de la animadora

____ 9. el camarógrafo del programa

a. Walter

b. Alicia

c. Gustavo (Tabo)

d. Carmen

e. Nicolás

f. Julia

g. Mery Balboa

h. Paco

i. Rita

Note:
Your instructor may ask you to read over the questions in the section **Exploración** before you see the film, in order to improve your understanding of it.

Investigación

Busque información sobre uno de los temas que siguen.[*]

1. la economía de Perú en los años noventa

2. Alberto Fujimori, presidente del país entre 1990 y 2000

3. los programas de televisión que se ven en Perú

Exploración

A. Motivos. ¿Por qué quiere estar en el programa «Todos somos estrellas»…

1. Rita?

2. el padre de la familia?

3. Alicia?

4. el hijo de la vecina?

5. Walter?

¿Por qué no quiere participar…

6. Tabo?

7. Nicolás?

8. la abuela?

B. La historia

1. ¿Cómo es la familia Miranda, la que sale en el programa «Todos somos estrellas» al principio de la película?

2. ¿Cómo es la familia Huambachano, en general?

3. ¿Qué hace Carmen, la mamá, para ganarse la vida?

4. ¿Qué dice la abuela que Carmen debe comprar «en vez de pagar tanta academia inútil»?

5. ¿Qué problema tiene Julia?

---

* The **Investigación** sections suggest topics related to the movie that you may want to find out more about.
Your instructor may assign these to individuals or groups and have them report the information to the class.

6. ¿Qué problema tiene Paco, el camarógrafo?

7. ¿Parece contenta Mery cuando llega a la casa de los Huambachano? ¿Por qué le pregunta a Alicia si el agua que le da está hervida *(boiled, purified)?*

8. ¿Por qué quiere ir Walter a Italia?

9. ¿Por qué dice Nicolás que «hoy es un día especial» para él y para Carmen? ¿Por qué le había hablado a Tabo el día anterior?

10. ¿Qué piensa Tabo de Nicolás?

11. ¿Por qué le pide dinero Alicia a Carmen? ¿Adónde quiere ir?

12. ¿Qué problema hay con el vestido de novia?

13. ¿Por qué va Tabo a hablar con Paco y Mery a su oficina?

14. ¿Cómo reacciona Mery cuando se entera de que Nicolás ni siquiera es pariente de la familia? ¿Qué le pasa a Julia?

15. ¿A quién habla Carmen para pedirle que los ayude? ¿Quiere él ayudarlos al principio? ¿Por qué cambia de opinión?

16. Cuando llega el padre de la familia a la casa, ¿quién está allí? ¿Qué les pide Carmen que hagan los dos?

17. ¿Cómo termina la película?

Análisis y contraste cultural

Vocabulario

Las emociones

la culpa (tener la culpa)	*guilt, fault (to be at fault)*
gritar	*to shout, yell*
harto(a)	*fed up, sick (of something)*
preocuparse	*to worry*
soportar	*to put up with, stand (often used in the negative)*
la sorpresa	*surprise*
sufrido(a)	*long-suffering*

Otras palabras

brillar	*to shine*
¿Cómo se te ocurre?	*What on earth do you mean? How can you think that?*
engañar	*to deceive, trick*
la ferretería	*hardware store*

Otras palabras (continuación)

el mueble	*piece of furniture*
el payaso	*clown*
planificar	*to plan*
reunido(a)	*together in a group*
Total…	*After all . . .*

Expresiones regionales*

la carcocha	*old car*
conchudo(a)	*nervy, pushy*
mostro(a)	*great, super*
no pasar a alguien	*to not be able to stand someone*
quedado(a)	*(literally, "left behind") loser, dope*
viejo(a)	*(literally, "old one") term of affection used for a parent; in many places this term can refer to a spouse*

A. Las emociones. Complete las frases con palabras apropiadas de la siguiente lista.

culpa	harta	sufrida
gritó	sorpresa	te preocupes

1. Para la familia Huambachano, ver a Mery Balboa en la puerta fue una

   gran _____.

2. Carmen le pregunta a Alicia por qué Tabo le _____ a Nicolás.

3. Mery está _____ del programa y quiere hacer otra cosa.

4. Nicolás dice que no fue su _____ que eligieran a otra familia.

5. Carmen tiene muchos problemas pero es una persona bastante paciente

   y _____.

6. «No _____; te juro que no es nada» le dice Carmen a Fany cuando ésta se

   prueba el vestido.

---

* These terms are not used exclusively in Peru—some are heard elsewhere as well.

B. **En resumen.** Complete las frases con formas apropiadas de palabras o expresiones de la lista «Otras palabras». ¡Ojo! Hay que conjugar un verbo.

1. Según la abuela, a Tabo todos los que estudian le parecen _____.

2. A Rita le gusta _____ pero no trabaja mucho.

3. «¿_____? Es mi padre», dice Paco a Julia cuando ésta le

   pregunta si va a mandar a su papá a un asilo de ancianos.

4. En cualquier rincón del Perú «_____ una estrella y esa estrella eres tú.»

5. Los Huambachano tienen que esconder o tapar *(cover up)* muchos de los _____

   de la casa.

6. Julia piensa que deben seguir con la filmación de los Huambachano: «_____

   …ya los grabamos *(taped).*»

7. Pero Mery está enojada y dice que la familia Huambachano trató de _____ los.

8. Nicolás tiene una _____.

9. Nicolás quiere hablar con Carmen allí en la sala con toda la familia _____.

C. **¿Y en Perú?** Para cada palabra subrayada, busque una palabra que se podría oír en Perú. (Consulte la sección «Expresiones regionales».)

> *Modelo:*
> Ése es un <u>sinvergüenza</u>. Quiere pedir prestado mi carro nuevo.
> **Ése es un conchudo. Quiere pedir prestado mi carro nuevo.**

1. A mi tío no lo <u>soporto</u>.

2. Mis <u>papás</u> no me dejan salir de noche.

3. <u>Ese automóvil viejo</u> ya no sirve.

4. ¡Qué <u>linda</u> esa cantante!

5. Ese hombre es un <u>perdedor</u>.

Notas culturales

Rita dice que no puede ir a la tienda porque va al aeropuerto a ver a Luis Miguel (y Carmen comenta que cuando ella era chica los cantantes al menos *(at least)* tenían apellido). Luis Miguel es un cantante mexicano de boleros (canciones románticas).

En la película se puede ver la influencia japonesa en Perú. Julia le ofrece a Paco «lo último»: yogurt japonés. El novio de la señorita que se casa es de origen japonés (igual que el presidente de Perú entre 1990 y 2000: Alberto Fujimori). Hay mucha gente de origen japonés en el país.

Temas de conversación o composición

Discuta con sus compañeros los temas que siguen.[*]

1. el título de la película (¿Cómo es el programa de televisión «Todos somos estrellas»? ¿Cómo son las familias que aparecen en el programa? ¿Qué tipo de premios reciben? ¿Por qué será muy popular esta clase de programa entre la gente de clase media o baja como los Huambachano? ¿Hay programas similares en este país?)

2. el personaje de Mery Balboa (¿Cómo aparece en la televisión? ¿Cómo es en realidad? ¿A ella le gusta el programa? ¿Piensa que «en cualquier parte del Perú brilla una estrella»? ¿Cómo trata a los Huambachano? ¿Cómo trata a Julia?)

---

[*] Your instructor may ask you to report back to the class or write a paragraph about one of the topics.

3. el personaje de Tabo (¿Qué tipo de relación tiene con su abuela? ¿con Walter? ¿Por qué no se lleva bien con Nicolás? ¿Qué piensa él de la familia Miranda, la familia que sale en el programa de Mery al principio de la película?)

4. los cambios que los Huambachano tratan de hacer antes de las siete de la noche (¿Cómo es la casa de ellos al principio? ¿Qué cambios hacen en los adornos, las paredes, los muebles, etc.? ¿En qué gastan mucho dinero? ¿Qué problema tienen cuando Nicolás no quiere participar en el programa? ¿Qué ilusión tiene Tabo acerca de su papá?)

5. la influencia de la televisión en la vida de la gente (¿Qué programas mira Rita? ¿Qué quiere ser ella? ¿Para qué usa el dinero que su mamá le da para las clases de computación? ¿Quiénes pelean *[fight]* por tener el control remoto? ¿Cómo cambia la vida de la familia después de ser elegida para participar en el programa?)

Una escena memorable

¿Quiénes son estos personajes? ¿Dónde están? ¿Tienen algo en común? ¿En qué se diferencian?

Hablan los personajes

Analice las siguientes citas, explique de quién son y póngalas en contexto. (Para una lista de los personajes, ver el ejercicio B, «Antes de ver la película».)

1. «Hoy he pasado un día lindísimo en casa de los Miranda. Realmente da gusto comprobar cómo en nuestro querido y sufrido Perú hay mucha, muchísima gente valiosa, que al margen de las diferencias raciales, sociales, económicas siempre en cualquier lugar, por más grande o chiquito que éste sea, puede estar brillando una estrella.»

2. «Mándalo a trabajar. Ya está grandazo. Ya veo que se va a terminar como su padre.»

3. «Cálmate, Paco, ésas son cosas de la edad. No te preocupes tanto.»

4. «Toda la vida diciéndoles que cuiden, que arreglen, que no rompan. Y vienen dos fulanas *(so-and-sos)* de la calle y ustedes en dos minutos quieren hasta pintar.»

5. «Mírala a Rita. Todo lo que hay que hacer y ella allí pegada *(glued)* al teléfono; ah, para planificar y decir que hay que hacer esto y lo otro, allí sí, nadie la gana *(outdoes her).*»

6. «No me interesa qué asilo sea. Cuando tú seas vieja, ¿te gustaría morirte rodeada de *(surrounded by)* gente que ni conoces?»

7. «Mirá, Tabo, tú ya eres un hombre hecho y derecho *(a grown man)*. Entiendo tu reacción de ayer… Yo también he sido joven. Pero quiero que comprendas que todas las personas tienen derecho a ser felices, incluso nuestros padres.»

8. «Todos los hombres son unos quedados.»

9. «Acá no le hacemos la fiesta a los pobres ni regalamos cocinas a querosén *(kerosene stoves).*»

10. «No será el único en esta vida que no conoce a su padre. Mirá, Carmen, ya estamos grandes para estos jueguitos. Yo tengo otra clase de problemas.»

11. «Claro que ahora yo tendría mis pasajes en avión. Rita habría actuado como una estrella, y el peinado de Alicia se hubiera visto en todo el Perú… Cuando ya todo pasó me di cuenta que la verdad, Alicia, así sin peinado, me gustaba más.»

Hablando de la cultura...

Paco, el camarógrafo, tiene un problema muy grande: su padre, que vive con él, tiene mal carácter. Su esposa se va de la casa con los hijos y le dice que no va a regresar mientras su padre siga viviendo allí. Quiere que lo mande a un asilo de ancianos. Pero en Perú, como en otros países hispanos, los ancianos normalmente viven con sus hijos y comparten la vida familiar. ¿Sufre Paco cuando tiene que tomar una decisión sobre su papá? Cuando Paco le dice a Tabo, «¿Qué querías, que te den un premio porque tu papá desapareció hace años?», ¿cómo reacciona Tabo? ¿Qué ironía hay en esa escena?

Hablan los críticos y los directores

«*Todos somos estrellas* muestra un día en la vida de una familia de clase media empobrecida a la que se le anuncia la participación en un programa televisivo que escoge al azar *(at random)* a quienes considera un modelo de familia. La crítica a la televisión o el retrato humorístico-irónico de la familia están atemperados, privándoseles *(taking away)* del posible filo *(edge)* que pudieron tener.»

http://www.cinemateca.org

¿Habría sido mejor la película si hubiera tenido un «filo» más agudo *(sharp),* o sea, si hubiera sido más sarcástica?

CAPÍTULO 8

De eso no se habla

Presentación de la película: Leonor, una viuda rica, vive en San José de los Altares, un pueblo imaginario en la costa argentina en la década de 1930. Su hija Carlota cumple dos años. Leonor ve que Carlota no ha crecido mucho: es muy pequeña para su edad. Pero Leonor no quiere oír nada del asunto: simplemente dice «De eso no se habla».

*María Luisa Bemberg, la directora de la película, era sobrina de la famosa escritora argentina Victoria Ocampo; su familia pertenecía a la clase alta. Crió a cuatro hijos y fue abuela antes de empezar su carrera de cineasta a la edad de cincuenta y seis años. Escribió varios guiones antes de trasladarse a Nueva York durante la época de la dictadura en Argentina; allí escribió y produjo películas de cortometraje. Murió en 1995.

*Bemberg fue fundadora de la Unión de Feministas Argentinas y una de las co-fundadoras del Festival Internacional de Cine de Mar del Plata. Sus películas de largometraje son: *Momentos; Señora de nadie; Camila; Miss Mary; Yo, la peor de todas* y *De eso no se habla.* Dijo ella que sus películas «presentan imágenes de mujeres que son verticales, autónomas, independientes, consideradas, valientes y animosas».

*La película se basa en un cuento del mismo nombre de Julio Llinas, poeta y crítico de arte argentino. Fue filmada en Colonia, un pueblo histórico uruguayo sobre el Río de la Plata frente a Buenos Aires. Dijo Bemberg: «Acudí a varias productoras, pero sin éxito. Un productor inglés me dijo 'me gusta el guión pero soy un cobarde. No quiero arriesgar dinero porque es una película muy audaz.' Al final, decidí invertir yo misma.» (Bemberg en una entrevista con Caleb Bach, «Bemberg sobre Bemberg», *Américas*, marzo-abril, 1994, página 26.)

*El célebre actor italiano Marcelo Mastroianni interpreta el papel de Ludovico D'Andrea. La música es del famoso compositor italiano Nicola Piovani.

Preparación

Vocabulario preliminar

Note:
In Argentina the letters **ll** often sound like **j** in English: **llorar**, for instance, might be pronounced as if it began with an English **j**. See the information on the **vos** form on page 16. Notice, however, that in this film **usted** is used primarily since in the 1930s the level of formality was greater than it is today.

Cognados

árabe	el duelo	raro(a)
el cadáver	maravilloso(a)	el trópico
el circo	el ornamento	urgente
el concierto	el/la pianista	

Otras palabras

el alcalde (la alcaldesa)	*mayor*
el almacén	*store*
arreglar(se)	*to fix (oneself) up*
la boda	*wedding*
borracho(a)	*drunk*
la broma	*joke*
el caballo	*horse*
el cornudo	*cuckold*
crecer	*to grow*
el cumpleaños	*birthday*
despertarse (ie)	*to wake up*
el/la enano(a)	*dwarf*
el hecho	*event; fact*
jugar (ue)	*to bet; to play*
el negocio	*business*
raro(a)	*strange, rare*

Otras palabras (continuación)

saludar	*to greet; to bow*
la suerte	*luck*
tomar una copa (copita)	*to have a (little) drink*
el/la viudo(a)	*widower (widow)*

A. Asociaciones. De la siguiente lista, escoja una palabra que se asocia con...

> *Modelo:*
> Macy's o El Corte Inglés
> **almacén**

alcalde	circo	negocio
almacén	cornudo	pianista
boda	duelo	trópico
borracho	enano	viuda
caballo		

1. los hermanos Ringling

2. el Amazonas

3. Burr vs. Hamilton

4. Willie Brown, de San Francisco, o Richard Daly, de Chicago

5. Mr. Ed, Trigger o Rocinante

6. McDonald's o IBM

7. Arthur Rubenstein, Isaac Albéniz o Alicia de Larrocha

8. Falstaff, de Shakespeare, o Richard Lewis en *Drunks*

9. el rey Arturo después de que Guinevere conoció a Lancelot

10. Pulgarcito o Tom Thumb

11. Coretta Scott King o Jacqueline Kennedy Onassis

12. el príncipe Carlos de Inglaterra y Lady Di, en 1981

B. Respuestas rápidas. Conteste las siguientes preguntas personales. No es necesario contestar con una oración completa.

1. ¿Cuándo es su cumpleaños?

2. ¿Dónde creció?

3. ¿A qué hora se despertó hoy?

4. ¿Cuándo se arregla bien?

5. ¿A quién saluda todos los días?

6. ¿Le gustan los conciertos de música rock?

7. ¿Le gusta jugar a las cartas?

8. En general, ¿tiene buena suerte cuando juega a las cartas?

9. ¿A veces toma una copa con sus amigos?

10. ¿Ha recibido alguna vez una llamada urgente?

C. Sinónimos. Dé un sinónimo para las palabras subrayadas.

1. Mohamed XI (Boabdil) fue el último rey moro de Granada.

2. ¡Qué extraño! Ya son las ocho y no están aquí.

3. ¿Qué tal el viaje? —Fantástico.

4. Tienen muchos adornos en el patio.

5. Fue un chiste cruel.

6. El detective inspeccionó el cuerpo de la víctima.

7. Fue un acontecimiento histórico.

Antes de ver la película

A. Las apariencias

1. ¿Conoce usted a alguien para quien las apariencias son muy importantes? Es decir, ¿una persona que se preocupa mucho por lo que diga otra gente? ¿Quién? Describa a esa persona.

2. ¿Conoce usted a alguien para quien no es importante lo que opinen los demás? ¿Quién? Describa a esa persona.

3. Compare a las dos personas que escogió. Por ejemplo, ¿cuál es más orgullosa *(proud)*? ¿más humilde? ¿más segura de sí misma? ¿más feliz?

B. Los personajes.
Lea las descripciones y los nombres de los personajes. Después de ver la película, empareje cada personaje con su descripción.

____ 1. una enana	a. don Saturnino
____ 2. la madre de Carlota	b. Romilda
____ 3. un muchacho que trabaja para Leonor	c. Myrna
____ 4. una prostituta del pueblo	d. Mojamé
____ 5. una muchacha que no puede hablar	e. Leonor
____ 6. una mujer alemana, «amiga» del cura	f. Ludovico D'Andrea
____ 7. el alcalde del pueblo que se comunica con otros por medio de su sobrino	g. el doctor Blanes
____ 8. un hombre misterioso que aparece en el pueblo	h. la señora Blanes
____ 9. el sacerdote	i. la viuda Schmidt
____ 10. el médico del pueblo	j. el padre Aurelio
____ 11. la esposa del médico	k. Carlota

Note:
Your instructor may ask you to read over the questions in the section **Exploración** before you see the film, in order to improve your understanding of it.

Investigación

Busque información sobre uno de los temas que siguen.[*]

1. el tango (¿Dónde se originó el tango? ¿Cómo es la letra *(lyrics)* de muchas de las canciones?)

2. el río de la Plata (¿Dónde está? ¿Por qué es importante en la historia de Argentina?)

3. Argentina en la década de 1930 (¿Qué gobiernos estaban en el poder? ¿Cómo era la economía?)

Exploración

A. La historia

1. ¿Qué celebración se ve al principio de la película?

2. ¿Por qué dice la mamá de Romilda que ella y Leonor tienen mucho en común, que son «madres elegidas»? ¿Cómo reacciona Leonor?

3. ¿Por qué destruye Leonor los libros *Blancanieves y los siete enanitos*, *Pulgarcito* y *Los viajes de Gulliver*? ¿Qué otras cosas destruye?

4. ¿Por qué le habla el cura a Leonor? ¿Qué le dice Leonor a él?

5. ¿Cómo se llama el almacén de Leonor? ¿Qué clase de cosas se venden allí?

6. ¿Qué quiere decir el narrador cuando dice que doña Leonor «pretendía suplir *(tried to supplement)* la brevedad de su hija con el prestigio de las artes y las letras»?

7. ¿Qué regalo quiere Leonor comprarle a Carlota para su cumpleaños de quince? ¿A quién le pide ayuda para conseguirlo? ¿Por qué se enoja con él después?

8. Cuando las mujeres se reúnen con el cura para hablar del proyecto de juntar dinero para los huérfanos *(orphans)*, ¿qué sugiere Leonor? ¿Cómo reacciona la mamá de Romilda? ¿Qué deciden hacer, al final?

9. ¿Por qué lleva Leonor a Ludovico al galpón *(large shed)* para que vea a Carlota y el caballo? ¿Qué hace Ludovico después?

10. ¿Por qué insulta Ludovico al doctor Blanes? ¿Qué consecuencias trae eso? ¿Por qué le pide perdón?

11. ¿Por qué se va Ludovico del pueblo? ¿Qué hace cuando regresa?

---

[*] The **Investigación** sections suggest topics related to the movie that you may want to find out more about. Your instructor may assign these to individuals or groups and have them report the information to the class.

12. ¿Cómo reacciona Leonor cuando Ludovico le pide la mano de Carlota? ¿Sabe él cómo se siente ella? ¿Es típica de ella esa reacción?

13. ¿Por qué quiere Leonor que don Saturnino, el alcalde que está en una silla de ruedas *(wheelchair)*, acompañe a Carlota al altar el día de la boda? ¿Qué le pasa a don Saturnino? ¿Qué hacen Leonor y Mojamé?

14. ¿Por qué lloran las prostitutas el día de la boda?

15. ¿Por qué dice Leonor al policía que el pueblo necesita un nuevo alcalde, alguien «que tenga un poco de mundo»? ¿Qué quiere ella para su hija?

16. ¿Qué hace Leonor en el cementerio? ¿Amaba mucho a su esposo? ¿Qué ve ella desde allí?

17. ¿Por qué va Leonor a la oficina de Ludovico? ¿Qué le pide que haga?

18. ¿Adónde va Carlota de noche? ¿A quiénes ve? ¿Qué decide hacer?

19. ¿Qué hace Leonor después de que Carlota se ha ido?

20. ¿Qué le pasa a Ludovico? ¿Qué rumores hay acerca de él?

21. ¿Quién es el narrador de la película?

B. **Problemas, problemas, problemas.** En esta película, casi todos los personajes tienen problemas (grandes o pequeños). Describa por lo menos un problema que tiene cada uno de los siguientes personajes.

> *Modelo:*
> Mojamé
> **Mojamé tiene un problema cuando muere el alcalde y Leonor no quiere que la gente se entere de su muerte. Tiene que tratar de conservar el cadáver con hielo.**

1. Carlota

2. Leonor

3. Ludovico

4. Romilda

5. Myrna

6. don Saturnino

7. el padre Aurelio

Análsis y contraste cultural

Vocabulario

La emoción

agradecer (zc)	*to be grateful to; to thank*
alegrarse de	*to be happy about*
apasionado(a)	*passionate*
la concupiscencia	*lust*
confiar en	*to trust*
conmovido(a)	*moved emotionally*
de mal gusto	*in bad taste*
desagradable	*unpleasant*
la felicidad	*happiness*
felicitar	*to congratulate*
molestar	*to bother, annoy*
mortificar	*to mortify, embarrass*
la sorpresa	*surprise*

Otras palabras

el acuerdo	*agreement*
arriesgarse a	*to risk*
buen(a) mozo(a)	*good-looking*
burlarse de	*to make fun of*
conveniente	*fitting, proper*
disponer (de)	*to have available*
elegir (i)	*to choose, elect*
escoger	*to choose*
faltar, hacer falta	*to be missing or lacking*
la función	*show*
ignorar	*to not know, be unaware*
merecerse (zc)	*to deserve*
sostener	*to maintain*

A. Emociones y sentimientos. Complete las oraciones con palabras apropiadas de la lista «La emoción». Habrá que conjugar los verbos **agradecer** y **alegrarse**.

1. Leonor está muy nerviosa antes del concierto de piano que Carlota va a dar, pero Mojamé

   le dice que debe _____ en Carlota.

2. Durante el concierto el padre Aurelio dice que está muy _____.

3. La señora Blanes dice que muchas veces el amor se confunde con la _____.

4. Leonor llega a la casa de Ludovico y le dice que no lo quiere _____ pero que

   le quiere pedir un favor.

5. Carlota no sabe que su mamá le va a regalar un caballo para su cumpleaños; Leonor quiere

   que sea una _____.

6. Leonor le dice a Ludovico: «No sabe cuánto (yo) se lo _____.»

7. Ludovico se siente mal cuando Leonor le quiere dar dinero; dice que lo

   va a _____.

8. Ludovico le jura a Leonor que Carlota tendrá no solo un marido fiel sino _____.

9. Cuando Leonor dice, «Lo único que quiero es estar segura de que sos feliz», Carlota le

   responde: «Sí, pero la _____ no lo es todo.»

10. El doctor Blanes es el primero en _____ a Ludovico cuando anuncia que se va

    a casar.

11. El hijo del policía hace una broma _____.

12. Ese chico es una persona _____.

13. En la boda de Ludovico y Carlota, Romilda _____ mucho cuando saca el anillo

de la torta.

B. En resumen. Complete las oraciones con los sinónimos de las palabras subrayadas. Escoja
los sinónimos de la siguiente lista:

un acuerdo	conveniente	ignora
arriesgarse	dispone de	la función
buen mozo	escoger	se merece
burlando	falta	sostuvo

1. Leonor le dice al padre Aurelio que no <u>tiene</u> mucho tiempo libre.

2. El padre Aurelio dice que no sería <u>beneficioso</u> poner a Carlota en una «situación de
   prueba», que quizás no debe dar un concierto de piano delante de mucha gente.

3. Otras personas están de acuerdo con el cura de que no deben <u>correr un riesgo</u>.

4. Ludovico y el alcalde llegaron a <u>una decisión mutua</u> acerca de Myrna.

5. Leonor comenta que Ludovico es muy <u>guapo</u> y que es extraño que nunca se haya casado.

6. En el hospital, Leonor dice que Ludovico <u>debe recibir</u> un «reto» *(scolding [Argentina])*
   por haber salido de cacería *(hunting)* no sintiéndose bien.

7. Cuando regresa de su viaje, Ludovico no le dice a Carlota dónde estuvo; ella tiene que <u>ele-
   gir</u> un lugar y él lo describe.

8. Leonor <u>no sabe</u> que Ludovico la quiere ver para pedirle la mano de Carlota.

9. Leonor dice que espera que Ludovico no se esté <u>riendo</u> de ellas.

10. En la boda alguien dice que <u>no hay bastante</u> cerveza.

11. Cuando el circo llegó al pueblo, Carlota no fue a ver <u>el show</u>.

12. Mucha gente <u>opinó</u> que si Ludovico no hubiera comprado el caballo, la historia no habría
    pasado; otros dijeron que era la fatalidad del destino.

Temas de conversación o composición

Discuta con sus compañeros los temas que siguen.*

1. el amor y el matrimonio (¿Por qué se enamora Ludovico de Carlota? ¿Por qué decide ella casarse con él? ¿Está contento él con el matrimonio? ¿Es un esposo fiel? ¿Viven bien?)

2. las relaciones fuera del matrimonio (¿Qué personajes tienen relaciones fuera del matrimonio? ¿Por qué discute Ludovico con el alcalde? ¿Por qué dice el cura que la concupiscencia es un pecado venial y que «La soberbia *(pride)* es mucho más grave»? En esta película, ¿tienen las mujeres los mismos derechos que los hombres o hay un «doble estándar»?)

3. la obediencia o falta de obediencia (En general, ¿es Carlota una hija obediente? ¿Es autoritaria su mamá con ella? ¿Qué cosas no le permite hacer? ¿En qué ocasiones desobedece Carlota a su mamá? ¿Por qué desobedece a su mamá? ¿Por qué le dice Ludovico «Sos libre de ir» [al circo]?)

4. el personaje de Leonor (¿Cómo es Leonor? ¿Tuvo un matrimonio feliz? ¿Cómo era su esposo? ¿Por qué dice que no quiere buscar a otro? ¿Está decepcionada cuando se entera de que Ludovico quiere casarse con su hija? ¿Cómo es su relación con la gente del pueblo, en general? ¿Por qué dice «No quiero circo en *mi* pueblo»? ¿Es una buena madre? ¿Por qué sí o por qué no?)

5. la negación de la realidad (Se dice que es malo no expresar las emociones, que hay que hablar de los problemas. ¿Qué pasa cuando uno nunca expresa sus preocupaciones o miedos? ¿Por qué no quiere Leonor que Carlota conozca a otra gente como ella? ¿Por qué destruye los ornamentos de la viuda Schmidt? ¿Por qué dice «De eso no se habla»?)

6. la autodestrucción (¿Qué personaje intenta matarse? ¿Por qué lo hace? ¿Qué otras formas de autodestrucción se ven en la película? ¿Por qué trata la gente de dañarse a sí misma? ¿Se ve en la película una falta de realización de sí misma—es decir, hay personajes que no se permiten vivir la vida plenamente (al máximo), realizar sus sueños o llegar a ser lo que realmente quieren ser? ¿Es la falta de realización personal una forma de autodestrucción?)

---

* Your instructor may ask you to report back to the class or write a paragraph about one of the topics.

7. la dedicación de la película: «Esta película se dedica a los que tengan el coraje de ser diferentes para poder ser ellos mismos.» Se dice que muchos jóvenes de hoy tratan de ser «diferentes» o «únicos». ¿Qué clase de cosas hacen, llevan etc.? ¿Son de veras diferentes o imitan a otros de su grupo? En esta película, ¿qué personajes tienen el coraje, o valor, de ser diferentes y de realizarse a sí mismos? ¿Cuáles no lo tienen? ¿Quiénes son felices? ¿neuróticos o reprimidos? ¿liberados?)

Una escena memorable

¿Qué pasa en esta escena? ¿Están contentos Ludovico y Carlota? ¿Qué pasa después?

Hablan los personajes

Analice las siguientes citas, explique de quién son y póngalas en contexto. (Para una lista de los personajes, ver el ejercicio B en la sección «Antes de ver la película». También está la madre de Romilda.)

1. «Somos madres elegidas, Leonor, madres puestas a prueba. Tendríamos que estar más cerca la una de la otra, ayudarnos.»

2. «Dios nos envía cosas en su infinita sabiduría que debemos aceptar con resignación y hasta con júbilo *(joy)*. Un hijo... una hija... es siempre una bendición....»

3. «Nunca se supo con certeza cuándo fue que don Ludovico D'Andrea se instaló en San José de los Altares. Mucho se especuló sobre su origen. Según la época se lo consideró espía, noble veneciano, refugiado político o millonario melancólico.»

4. «Hay que tener mucho cuidado. A menudo se confunde concupiscencia con amor.»

5. «Como dice el tango, doña Leonor, en mi vida tuve muchas, muchas minas, pero nunca una mujer.» (NB: La palabra *mina* [chica], viene del lunfardo, un lenguaje asociado con los tangos.)

6. «Es la única persona que acepto totalmente.»

7. «Lo único que le pido es que no altere la paz de este pueblo. Quítese de la cabeza a la hija de doña Leonor.»

8. «Una mujer nunca se equivoca en estas cosas.»

9. «El amor es así. No avisa. Irrumpe.»

10. «Mañana es otro día.* Se le hace un gran entierro y todos en paz.»

11. «Como es sabido, la felicidad es un estado innegable, pero sólo se deja narrar cuando se ha desvanecido *(vanished).*»

12. «Confíe en el corazón de una madre.»

Hablando de la cultura...

En la boda de Carlota y Ludovico, las muchachas que no están casadas tiran cintas *(ribbons)* que salen de la torta y una de ellas saca un anillo. ¿Quién saca el anillo de la torta? ¿Por qué está tan contenta? ¿Cuál es la costumbre equivalente aquí? Describa la boda de Carlota y Ludovico. ¿En qué se parece a una boda de Estados Unidos o Canadá? ¿En qué es distinta?

Hablan los críticos y los directores

Cuando le preguntaron a María Luisa Bemberg con qué personaje de sus películas se identificaba más, por ejemplo Sor Juana en *Yo, la peor de todas* o la familia de *Miss Mary*, respondió: «No, no, yo soy Charlotte. Charlotte es una metáfora para cualquiera que es diferente, una enana, una persona de color, un joven homosexual, hasta una mujer grande, gorda y fea que, como cualquier otro, tiene derecho a un lugar bajo el sol. Yo era diferente a mis hermanos y hermanas. Yo era subversiva, una soñadora y probablemente directora desde que era niña. Lo que me sorprendió es que nunca sospeché que tendría una disposición artística.»
—María Luisa Bemberg en una entrevista con Caleb Bach, «Bemberg sobre Bemberg», *Américas*, marzo-abril, 1994, página 27.

¿Podría ser Charlotte una metáfora para cualquiera que es diferente? ¿En qué aspectos sería distinta la película si Charlotte hubiera sido una lesbiana, una persona de color en una sociedad blanca en los años treinta (o una persona blanca en una sociedad de gente de color), por ejemplo?

---

* ¿En qué película estadounidense está esta oración, en inglés?

"Cinematographer Felix Monti chooses his shots effectively, suggesting a sense of magic-realism (the scenes outside on the benighted streets of San José de los Altares, photographed through a blue lens, are stunning). *I Don't Want to Talk About It* has a lot of heart, and that's why its themes come across so clearly. As director Bemberg has admitted, this is not a story to be viewed from a logical perspective. Its mystical quality makes it a fairytale for adults, complete with a moral that each individual can interpret as it applies to him- or herself."
— "*I Don't Want To Talk About It*, A Film Review by James Berardinelli,"
James Berardinelli, 1994.

Bemberg misma comparó la película a un cuento de hadas. ¿Por qué se podría hacer esta comparación? (Ideas: el espejo, Mojamé, una muchacha joven y bonita, un hombre misterioso, el vals sin fin de Ludovico y Carlota....)

CAPÍTULO 9

La historia oficial

Presentación de la película: Alicia lleva una vida feliz, próspera y protegida, hasta que una vieja amiga vuelve después de una larga y misteriosa ausencia. Poco a poco, Alicia se da cuenta de los abusos contra los derechos humanos que se cometen en su país. Le nace una sospecha terrible, y la protagonista inicia una búsqueda que podría destruir su felicidad.

* La acción de *La historia oficial* ocurre en Argentina durante los momentos finales de un gobierno represivo de derechas *(right-wing)* (1976-1983). Miles de personas fueron secuestradas *(kidnapped),* torturadas y asesinadas por razones políticas. La mayor parte de las víctimas eran jóvenes de 21 a 35 años. Además, desaparecieron unos cuatrocientos niños que nacieron mientras sus madres estaban detenidas. Esta campaña de terror se llama «la guerra sucia».

*Durante esta época, Argentina sufrió una desastrosa guerra con Inglaterra por las Islas Malvinas *(Falkland Islands).* La economía era un caos. Las madres y las abuelas de los «desaparecidos» (la gente que había desaparecido) empezaron a hacer protestas públicas. Por fin en 1983 la dictadura terminó y se celebraron elecciones democráticas. El gobierno del nuevo presidente Raúl Alfonsín devolvió la democracia al país y reorganizó las fuerzas armadas. Llevó a muchos de los líderes políticos y militares de la dictadura a los tribunales de justicia.

La historia oficial es la primera película de largometraje *(feature-length)* de Luis Puenzo. El filme ganó diecisiete premios internacionales, entre ellos un Óscar y un Golden Globe a la Mejor Película Extranjera en 1986. El guión, escrito por Puenzo y la conocida autora teatral y guionista Aída Bortnik, fue seleccionado para el Óscar en la categoría de Mejor Guión Original. Después Puenzo y Bortnik colaboraron en el guión de *Gringo viejo* (Gregory Peck, Jane Fonda; 1989). Puenzo ha colaborado con Stephen Spielberg en un documental acerca de unos sobrevivientes *(survivors)* del Holocausto que viven en Argentina.

*Norma Aleandro, una de las actrices más importantes de Argentina, tuvo que irse al exilio por sus opiniones políticas a fines de la década de los setenta y no volvió a Argentina hasta 1982. Ganó el premio a la mejor actriz en el Festival Internacional de Cine en Cannes en 1985 por su interpretación de Alicia en *La historia oficial*. En 1987 fue seleccionada para el Óscar por su trabajo en *Gaby, a True Story*.

Preparación

Vocabulario preliminar

Note:
In Argentina the letters **ll** often are pronounced like **j** in English: **llorar**, for instance, might be pronounced as if it began with an English **j**. Also, the **vos** form is used there instead of the **tú** form; see the note about **vos** on page 16.

Cognados

adoptado(a)	la memoria
anticuado(a)	subversivo(a)
la disciplina	tranquilo(a)
imbécil	

Otras palabras

acordarse de, recordar (ue)	*to remember*
asustarse (el susto)	*to be frightened (fright)*
cuidar(se)	*to take care (of oneself)*
culpable (la culpa)	*guilty (guilt)*
cumplir (cinco) años	*to turn (five) years old*
denunciar	*to inform on, denounce, report (e.g., to the police)*
el/la desaparecido(a)	*person who has been "disappeared" or eliminated*
el escándalo (armar escándalo)	*(literally, "scandal") upheaval (to raise a big fuss)*
flaco(a)	*thin, skinny*
gordo(a)	*fat, heavy (also, a term of affection)*
llorar	*to cry*

Otras palabras (continuación)

los negocios	*business*
no tener (haber) remedio	*to have no alternative*
la nota	*grade (which go from 1-10 in Argentina, where 10 is highest)*
peligroso(a) (el peligro)	*dangerous (danger)*
sobrevivir	*to survive*
solidario(a)	*steadfast, mutually responsible (e.g., a friend)*
solitario(a)	*single, alone*
tener miedo (dar miedo)	*to be afraid (make afraid)*

A. Antónimos. Para cada palabra subrayada, dé un antónimo de la lista de cognados u otras palabras.

> *Modelo:*
> Se olvidó de que era su aniversario de boda.
> **Se acordó de que era su aniversario de boda.**

1. Sus ideas son muy modernas.

2. Ese señor es inocente.

3. Es una situación muy segura.

4. Dijo que soy un genio total.

5. Ni una sola persona murió.

B. ¡Es lógico! Escoja la respuesta más lógica.

1. ¡Ay! ¿Qué pasó? Ese ruido, ¿qué fue?

    a. No te asustes.

    b. No tengo remedio.

    c. No te acuerdes.

2. Silvia ha perdido varios kilos últimamente.

    a. Sí, está peligrosa.

    b. Sí, está gorda.

    c. Sí, está flaca.

3. Y esa señora, ¿por qué armó un escándalo en la escuela?

    a. Porque su hijo sacó una mala nota en matemáticas.

    b. Porque su hijo cumplió años.

    c. Porque su hijo es adoptado.

4. ¡Qué falta de disciplina en esa clase!

    a. Los alumnos son unos desaparecidos incorregibles.

    b. Los alumnos tienen miedo, ¿no?

    c. Los alumnos no escuchan al profesor.

5. Pedro es muy buena gente y siempre me ayuda.

    a. Sí, es un amigo muy secreto.

    b. Sí, es un amigo muy solidario.

    c. Sí, es un amigo muy solitario.

6. A mi esposo no le interesa la política, sólo los negocios.

    a. ¿Trabaja para alguna compañía?

    b. ¿Estudia medicina?

    c. Así son los subversivos.

7. Miguelito está llorando, pobrecito.

    a. ¿Supo cuidarse?

    b. ¿Cuál es el problema?

    c. Vamos a denunciarlo.

Antes de ver la película

A. Verdades y mentiras

1. ¿De dónde saca usted información sobre lo que pasa en este país o en el mundo?

2. ¿Cree todo lo que lee en los periódicos, oye por la radio o ve en las noticias de televisión? ¿Por qué sí o por qué no? Si no, dé un ejemplo de algo que leyó, oyó o vio, y que no era verdad.

3. ¿Ha estado en una situación en la cual creyó a alguien que le estaba mintiendo? Describa la situación. ¿Por qué le mintieron? ¿Cómo se sintió cuando descubrió la verdad?

B. Los personajes. Lea las descripciones y los nombres de los personajes. Después de ver la película, empareje cada personaje con su descripción.

____ 1. profesora de historia y madre adoptiva de Gaby   a. Benítez

____ 2. hombre de negocios, esposo de Alicia y padre adoptivo de Gaby b. Ana

____ 3. vieja amiga de Alicia que vuelve del exilio   c. Gaby

____ 4. probable abuela biológica de Gaby   d. Alicia

____ 5. colega de Alicia   e. Costa

____ 6. alumno de Alicia   f. Enrique

____ 7. padre de Roberto   g. Roberto

____ 8. hermano de Roberto   h. Sara

____ 9. hija adoptiva de Alicia y Roberto   i. José

Note:
Your instructor may ask you to read over the questions in the section **Exploración** before you see the film, in order to improve your understanding of it.

Investigación

Busque información sobre uno de los temas que siguen.*

1. Isabel Perón, tercera esposa de Juan Perón

2. la guerra de las Malvinas

3. Raúl Alfonsín

4. la Comisión Nacional sobre la Desaparición de Personas (CONADEP)

5. lo que les pasó a los generales que estaban en el poder durante la dictadura

---

* The **Investigación** sections suggest topics related to the movie that you may want to find out more about. Your instructor may assign these to individuals or groups and have them report the information to the class.

Exploración

A. ¿Cierto o falso? Lea las siguientes oraciones. Indique C (cierto) o F (falso). Corrija las oraciones falsas.

___ 1. Los alumnos de Alicia creen que sus libros de historia cuentan la verdad.

___ 2. Gaby fue abandonada por su madre biológica.

___ 3. De niña, Alicia fue abandonada por sus padres.

___ 4. Roberto y sus asociados son enemigos de la junta militar.

___ 5. El gobierno militar está desintegrándose.

___ 6. Roberto y sus asociados tienen miedo de ser procesados *(put on trial)* por sus crímenes.

B. La historia

1. ¿A qué clase social pertenece Alicia? ¿Cuál es su profesión?

2. ¿Quiénes son las personas asociadas con Roberto?

3. ¿Cuál es la historia de Ana?

4. ¿Cómo ayudan los alumnos de Alicia para que ella abra los ojos?

5. ¿Cuál es la historia de Benítez? ¿Por qué le devuelve a Alicia el expediente *(file)* de Costa?

6. ¿Por qué tiene miedo Macci? ¿Cuál es la reacción de Roberto y sus otros asociados?

7. ¿Cuál es la búsqueda de Alicia? ¿Cómo reacciona Roberto cuando ella le pide información?

8. ¿A quién le pide Alicia ayuda en su búsqueda? ¿La ayuda o no esta persona?

9. ¿Quién es Sara? ¿De qué clase social es? ¿Cómo se conocen ella y Alicia?

10. ¿Por qué hay tensiones entre Roberto, su padre y su hermano?

11. ¿Por qué está tan agitado Roberto después de la fiesta en su casa?

12. ¿Qué les pasó a los parientes de Sara? ¿A quiénes busca ella?

13. ¿Cuál es la relación probable entre Sara y Gaby?

14. ¿Por qué saca cajas de su oficina Roberto?

15. ¿Cuál es el conflicto entre Roberto y Ana?

16. ¿Cómo reacciona Roberto cuando le presentan a Sara?

17. ¿Cómo termina la película?

Análisis y contraste cultural

Vocabulario

La tortura

castigar	*to punish*
el golpe	*blow, hit*
el grito	*cry, shout*
la picana	*electric shock treatment*
el submarino	*dunking, holding under water*
la violación	*rape*

Otras palabras

apurado(a)	*in a hurry, rushed*
el asado	*barbecued meat*
la broma	*joke*
el/la cobarde	*coward*
lleno(a)	*full*
el/la perdedor(a)	*loser*
rechazar	*to reject*

Expresiones regionales*

che	*term of address used for a friend*†
el chiquitín, la chiquitina	*little one, child*
el despelote	*mess, fuss*
la macana	*lie*
la mucama	*maid*
la nena	*girl*
el pibe (la piba)	*kid, child*
el subte	*short for* subterráneo, *subway in Buenos Aires*
viejo(a)	*(literally, "old one") term of affection used for a parent; in many places this term can refer to a spouse*

---

* These terms are not used exclusively in Argentina—some are heard elsewhere as well.

† The use of **che** is very common and explains how Ernesto «Che» Guevara, an Argentinian who was part of the Cuban Revolution, received his nickname.

A. **¡Falta algo!** Escoja la palabra adecuada para completar la frase.

1. Ese hombre no quiso defender a su mujer. ¡Qué...

    a. despelote!

    b. cobarde!

    c. golpe!

2. Había mucha gente allí. El lugar estaba totalmente…

    a. apurado.

    b. submarino.

    c. lleno.

3. Esta oferta es ridícula. Seguramente la van a…

    a. aceptar.

    b. querer.

    c. rechazar.

4. En la cárcel, la amenazaban con la violación y…

    a. la comida.

    b. la picana.

    c. la mentira.

5. Esa nena es tremenda. Cuando su mamá sepa que robó ese dinero, la va a…

    a. celebrar.

    b. entender.

    c. castigar.

6. No te enojes con ella. Es solamente una…

    a. criatura.

    b. perdedor.

    c. santa.

B. En otras palabras.... Para cada oración a la izquierda, busque un equivalente a la derecha.

___ 1. ¿Qué edad tiene la nena?   a. Está muy apurado.

___ 2. Lo único que sé hacer es el asado.   b. Fue un chiste, eso es todo.

___ 3. Es un despelote total.   c. Es un gran lío.

___ 4. Tiene mucha prisa.   d. Sólo puedo preparar carne a la parrilla.

___ 5. Sólo fue una broma.   e. ¿Cuántos años tiene la piba?

C. ¿Y en Argentina? Para cada palabra subrayada, busque una palabra que se podría oír en Argentina. (Consulte la sección «Expresiones regionales».)

> *Modelo:*
> ¿Dónde están los <u>niños</u>? ¿En la escuela?
> **¿Dónde están los pibes (chiquitines)? ¿En la escuela?**

1. ¿Qué tal, <u>amigo</u>?

2. Estoy cansada de tantas <u>mentiras</u>.

3. ¿Caminamos o tomamos el <u>metro</u>?

4. Mi <u>papá</u> nunca me deja hacer nada. Es demasiado estricto.

5. ¿Cómo se llama la <u>chica</u>? ¡Qué linda!

6. La <u>criada</u> no trabaja los domingos.

Nota cultural

Los estudiantes de Alicia hablan del patriota argentino Mariano Moreno. Moreno participó en la Revolución de Mayo, el movimiento de independencia argentino. Fundador de la Biblioteca Nacional y editor del periódico *La Gaceta de Buenos Aires*, Moreno quería una separación definitiva de España, pero los conservadores estaban en contra. En 1810 aceptó un puesto diplomático en Brasil e Inglaterra pero murió misteriosamente en el viaje a Londres. En 1816, Argentina declaró la independencia.

Temas de conversación o composición

Discuta con sus compañeros los temas que siguen.[*]

1. el título de la película (¿Hay alguna diferencia entre la versión oficial y la verdadera historia argentina? ¿y la verdadera historia de Gaby? ¿y la verdadera historia de los padres de Alicia? Explique.)

2. el colegio (¿Qué palabra se repite en el himno nacional argentino? ¿Hay alguna ironía en esto? ¿Con qué se compara el colegio? ¿Puede decirse que el colegio representa la sociedad argentina?)

3. la canción que canta Gaby:

   «En el país de Nomeacuerdo
   Doy un paso y me pierdo.
   Un pasito por allí
   No recuerdo si lo di.
   Un pasito por allá
   Ay, qué miedo que me da.
   Un pasito para atrás
   Y no doy ninguno más
   Porque ya yo me olvidé
   Dónde puse el otro pie.»[†]

   (¿Cuál es «el país de Nomeacuerdo»? ¿Hay alguna relación entre esta canción y los hechos de la película?)

4. la violencia (¿Cómo se manifiesta en la película? ¿Qué representa la violencia en los juegos de los niños? ¿Hay otras referencias indirectas a la violencia y la tortura?)

5. los factores que contribuyen a la caída de la dictadura (¿Cuál es el papel de las madres y las abuelas de los desaparecidos? ¿de la crisis económica? ¿de la guerra de las Malvinas?)

6. la denuncia social y política (¿Cómo se benefician Roberto y su familia de su asociación con la dictadura militar? ¿Qué clase social y opiniones políticas representa Roberto? ¿El padre y el hermano de Roberto? ¿Benítez? ¿Sara? ¿Qué clase social y qué institución apoya el sacerdote? ¿Puede verse la familia extensa de Roberto como microcosmos de la sociedad argentina?)

7. el personaje de José (¿De dónde es José? ¿A qué guerra se refiere Roberto al decirle, «Ustedes perdieron»? ¿Por qué habrá inmigrado a Argentina? ¿Por qué se llevan *(get along)* mal él y Roberto? ¿Tienen José y Ana algo en común?)

---

[*] Your instructor may ask you to report back to the class or write a paragraph about one of the topics.
[†] María Elena Walsh, «En el país de Nomeacuerdo», *Canciones infantiles*, Volume II.

8. el personaje de Benítez (¿Dónde enseñaba antes? ¿Por qué ya no enseña allí? ¿Cómo contribuye a la toma de conciencia de Alicia? ¿Prefiere usted su manera de enseñar o la de Alicia? ¿Conoce usted a algún profesor o profesora como él?)

9. el personaje de Roberto (¿Cuál es su defecto, según su padre? ¿De qué lo acusa su hermano Enrique? ¿Por qué tiene miedo de perderlo todo? ¿Se manifiestan sus tendencias violentas en la última parte de la película? ¿Es, en algún sentido, un torturador?)

10. el personaje de Alicia (¿Es, en algún sentido, cómplice de la dictadura? ¿Cómo cambia durante la película? ¿En qué se parecen la historia de Alicia y la de Gaby? ¿Por qué abraza Alicia a Roberto al final de la película? ¿Por qué deja las llaves en la cerradura cuando se va de su casa? ¿Cuál es su dilema al final de la película? ¿Qué haría usted si estuviera en la misma situación?)

Una escena memorable

¿Qué pasa en esta escena? ¿De qué se entera Alicia? ¿Cómo es Ana?

Hablan los personajes

Analice las siguientes citas, explique de quién son y póngalas en contexto. (Para una lista de los personajes, ver el ejercicio B en la sección «Antes de ver la película».)

1. «Comprender la historia es prepararse para comprender el mundo. Ningún pueblo puede sobrevivir sin memoria. La historia es la memoria de los pueblos.»

2. «No hay pruebas porque la historia la escriben los asesinos.»

3. «Siempre es más fácil creer que no es posible, ¿no? Sobre todo porque, para que sea posible, se necesitaría mucha complicidad.»

4. «Ser pobre no es ninguna vergüenza, como ser rico no es ningún honor.» «Los únicos ladrones no son los que aparecen en la tele, ¿eh?»

5. «Llorar no sirve para nada. Yo sé lo que le digo. Llorar no sirve.»

Hablando de la cultura

Comente la distancia que mantienen las personas mientras hablan en esta película. Por ejemplo, cuando Ana y Alicia están hablando de lo que le pasó a Ana durante su «ausencia», ¿cómo están sentadas? ¿Sería diferente si fuera una película con personajes de habla inglesa?

Hablan los críticos y los directores

Según Aída Bortnik, *La historia oficial* es "a story of a consciousness that awakens. It is also a tragedy in the Greek sense of the word. Alicia is an Oedipus, conscious that knowledge of her destiny can destroy her, but who is unable to stop. From this point of view she is a tragic being."

¿Cómo se despierta la conciencia de Alicia? ¿Es ella un ser trágico, en su opinión?

En una crítica feminista de *La historia oficial,* Cynthia Ramsey dice: "The critical viewer must work out the problems posed by the film on the personal and political levels which operate in a parallel manner ... *The Official Story* links the fascist within to the fascist without."
—Cynthia Ramsey, "The Official Story: Feminist Re-visioning as Spectator Response", *Studies in Latin-American Popular Culture*, Volume 11, 1992.

En su opinión, ¿se presta (lend itself) la película a una intepretación feminista? Comente el paralelismo de los niveles personal y político en la película.

CAPÍTULO 10

Caballos salvajes

Presentación de la película: José, un hombre de unos setenta años, entra en una compañía financiera de Buenos Aires con un revólver. Le dice a Pedro, un joven ejecutivo, que si no le da 15.344 pesos, se va a matar. El joven no sabe qué hacer pero no quiere que los guardias maten al hombre. Su decisión cambiará su vida para siempre.

*Marcelo Piñeyro, el director de la película, estudió cine en la Facultad de Bellas Artes de La Plata. En 1980 se asoció a Luis Puenzo y en 1984 trabajó con él en *La historia oficial*. En 1992 hizo *Tango feroz* y en 1995 *Caballos salvajes*. Aída Bortnik, la guionista (con Piñeyro), también trabajó en *La historia oficial* y *Tango feroz*. Otras películas de Piñeyro son *Cenizas del paraíso* (1997) y *Plata quemada* (2000).

*Héctor Alterio, que interpreta a José, ha trabajado en muchas películas en Argentina y España; algunas de ellas son *La historia oficial, La tregua* (de Sergio Renán) y *Cría cuervos* (de Carlos Saura). Leonardo Sbaraglia, el joven actor que interpreta a Pedro, colaboró con Piñeyro en *Tango feroz* y recibió varios premios por su actuación en *Caballos salvajes*.

*La película recibió muchos premios internacionales y fue seleccionada para representar a Argentina en Hollywood en la categoría Mejor Película Extranjera, 1995.

Preparación

Vocabulario preliminar

Note:
In Argentina the letters **ll** often sound like **j** in English: **llorar**, for
instance, might be pronounced as if it began with an English **j**.
See the information on the **vos** form, p.16.

Cognados

el/la anarquista	el dilema	el revólver
el asalto	la justicia	el sistema
el cadáver	la injusticia	la víctima
el depósito		

El dinero

apostar (ue) (la apuesta)	*to bet (bet)*
la recompensa	*reward*
devolver (ue)	*to return, give back*
la empresa	*company, large business*
estafar (la estafa)	*to swindle, cheat (swindle, trick)*
la financiera	*financial or loan company*
negociar (el negocio)	*to negotiate (business)*
la plata	*(colloquial, Latin America) money*

El mundo criminal

amenazar (la amenaza)	*to threaten (threat)*
apuntar (con)	*to aim (with—e.g., a gun)*
asustar	*to frighten*
denunciar (la denuncia)	*to report, denounce (report, denouncement)*
desesperado(a)	*desperate, without hope*
el/la cómplice	*accomplice*
el escudo	*shield*
el/la indomable	*untameable one, indomitable one*
el ladrón (la ladrona)	*thief*
el matón	*(colloquial) thug*
obligar	*to force*
pegar un tiro	*to fire a shot, shoot*
el/la rehén	*hostage*

A. Un asalto. Complete los párrafos con palabras de las listas.

amenazar	cómplices	revólver
apuntó	desesperado	tiro
asustar	ladrón	

Un hombre (1) _____ entró en un banco con un (2) _____ y empezó

a (3)_____ a los empleados. (4) Los _____ con el revólver y pegó

un (5)_____, pero sólo quería (6) _____ los. Resultó que

el (7) _____ tenía dos (8) _____ que ya estaban en el banco.

cadáver	obligaron	rehenes
denunció	recompensa	víctima
escudo		

Los tres (9) _____ a un empleado a darles todo el dinero que tenía en la caja

(cash register). Después salieron del banco usando a unos (10) _____ como

(11) _____. Uno de los rehenes murió en el fuego cruzado con la policía;

el (12) _____ de la (13) _____ fue llevado a la morgue. Al día siguiente

el banco (14) _____ el robo de un millón de pesos. Para cualquier persona que

ayude a encontrar a los asaltantes, hay una (15) _____ de diez mil pesos.

B. Usted y el dinero. Conteste rápidamente estas preguntas. No es necesario contestar con una oración completa.

1. ¿Tiene usted dinero en un banco o en una financiera?

2. ¿Hace un depósito todos los meses?

3. En que gasta más plata: ¿en ropa o en comida?

4. ¿Ha trabajado alguna vez en una empresa grande?

5. ¿Le gusta hacer apuestas?

6. Cuando sus amigos le prestan dinero, ¿siempre se lo devuelve?

C. Mi abuelo. Escoja las palabras apropiadas para completar las oraciones.

1. Mi abuelo era _____ (comunista / anarquista); no le gustaba ninguna forma de gobierno.

2. Hace muchos años un banco lo _____ (estafó / asustó) y perdió todo el dinero que tenía.

3. Dijo que prefería morirse a tolerar todos los _____ (negocios / dólares) sucios del _____ (dilema / sistema).

4. Desde ese día empezó a luchar como una especie de _____ (indomable / matón) contra las _____ (justicias / injusticias) sociales.

Antes de ver la película

A. Pérdidas

1. ¿Ha perdido usted alguna vez un cheque o su cartera con dinero adentro? ¿Ha perdido dinero de otra forma? ¿Cuántos dólares perdió? ¿Cómo los perdió?

2. ¿Ha perdido otra cosa de valor, por ejemplo joyas, un pasaporte, un reloj? ¿Qué perdió? ¿Cómo lo perdió? ¿Qué sintió cuando descubrió que no lo tenía? ¿Qué hizo?

3. ¿Ha perdido algo en una apuesta? ¿Qué?

4. ¿Le han robado alguna vez? Si es así, ¿qué le robaron? ¿Recuperó lo robado?

B. Los animales

1. ¿Tiene o ha tenido un animal doméstico? ¿Qué clase de animal? ¿Cómo se llama o llamaba? ¿Cómo es o cómo era?

2. ¿Qué piensa de la costumbre de guardar pájaros en jaulas *(cages)* o peces en un acuario?

3. ¿Por qué razones tiene la gente animales domésticos?

C. Los personajes. Lea las descripciones y los nombres de los personajes. Después de ver la película, empareje cada personaje con su descripción.

____ 1. un hombre que ha perdido unos quince mil pesos   a. Martín

____ 2. un joven ejecutivo   b. Eusebio

____ 3. una muchacha que acompaña a los «indomables»   c. Natalia

____ 4. un joven periodista   d. José

____ 5. el director de un programa de noticias   e. Rodolfo

____ 6. el vicepresidente de una compañía financiera   f. García del Campo

____ 7. el amigo y cuñado *(brother-in-law)* de José   g. Pedro

____ 8. la cuñada de José   h. Ana

Note:
Your instructor may ask you to read over the questions in the section **Exploración** before you see the film, in order to improve your understanding of it.

Investigación

Busque información sobre uno de los temas que siguen.[*]

1. la época de la dictadura militar en Argentina (la película hace varias referencias a ese período)

2. la economía de Argentina en la década de los noventa

3. la gran diversidad de la geografía argentina: las montañas, la costa, las pampas (en la película se ven muchos paisajes distintos)

4. las grandes haciendas, o estancias, de Argentina y el gaucho, o *cowboy,* argentino

---

[*] The **Investigación** sections suggest topics related to the movie that you may want to find out more about.
Your instructor may assign these to individuals or groups and have them report the information to the class.

Exploración

A. Las circunstancias. Ponga en orden cronológico los siguientes acontecimientos. Después explique las circunstancias de cada uno.

____ a. El joven ejecutivo encuentra medio millón de dólares en el cajón *(drawer)* del vicepresidente de la financiera.

____ b. El joven y el viejo viajan para el sur pero se les arruina el auto.

____ c. Una muchacha roba el dinero pero lo devuelve en seguida.

____ d. Los «indomables» devuelven casi medio millón de dolares a la gente del pueblo Cerros Azules.

____ e. José compra los caballos con el dinero que recuperó de la financiera.

____ f. Un hombre entra en una financiera con un revólver.

____ g. El joven llama a su «amigo» Rodolfo y descubre que Rodolfo lo amenaza porque cree que sabe algo del dinero y de un hombre que se llama Pérez.

____ h. Los «indomables» se separan, y Pedro y Ana escapan.

____ i. Unos camioneros *(truck drivers)* protegen a los «indomables» de dos matones.

B. La historia

1. ¿Sobre qué tema está haciendo Martín un reportaje al principio de la película?

2. ¿Qué quiere decir Rodolfo cuando dice «Si dicen Pérez, le decís que lo suyo está aquí, que puede pasar a buscarlo»?

3. ¿Por qué le dice Pedro a José que le grite y que lo apunte con el revólver?

4. ¿Quién encuentra la nota que dice «Me devuelven lo que me estafaron o me mato aquí y ahora»?

5. ¿Qué piensa José de Pedro al principio? ¿Por qué cambia de opinión cuando Pedro llama a Rodrigo?

6. Cuando Pedro tiene miedo de llamar a su mamá porque teme que la gente de la financiera haya intervenido *(tapped)* el teléfono, ¿qué le dice José? Cuando la llama, ¿qué le dice ella? ¿Por qué está llorando?

7. ¿Adónde van Pedro y José?

8. ¿Por qué hacen un video?

9. En la financiera, ¿por qué no se puede encontrar ninguna información sobre el depósito inicial?

10. ¿Quién trata de robar el dinero? ¿Cómo es esta persona?

11. ¿Por qué ofrece la financiera una recompensa de quince mil pesos para «ayudar a Pedro»?

12. ¿Qué pasa en la planta de Petromak en Cerros Azules?

13. ¿Qué reacción tiene Pedro cuando lee su descripción en el periódico?

14. ¿Quiénes son los amigos de José en el sur?

15. ¿Qué les habría pasado a los caballos si José no los hubiera comprado?

16. ¿Qué pasa entre Ana y Pedro? ¿Adónde van al final de la película?

Análisis y contraste cultural

Vocabulario

Los medios de comunicación

la cámara (de video)	*(video)camera*
el casete	*cassette*
convencer	*to convince*
grabar	*to tape*
investigar	*to investigate*
el noticiero	*news program*
el/la periodista	*reporter, journalist*

Otras palabras

confiar en	*to trust*
elegir (i)	*to choose*
equivocarse	*to be wrong*
la frontera	*border*
gracioso(a)	*funny*
orgulloso(a)	*proud*
proteger	*to protect*
el riesgo	*risk*
salvar	*to save (e.g., a life)*
seguro(a)	*sure; safe*
solidarizar (la solidaridad)	*to side with (solidarity, sticking together)*
transformarse en	*to become, change into*

Expresiones regionales*

la cana	*police*
la guita	*money, dough*
la luca	*thousand pesos*
medio palo verde	*half a million dollars*
el micro	*bus*
el/la muñeco(a)	*doll, good-looking person*
el/la nene(a)	*kid, child*
el/la pibe(a)	*kid*

A. En las noticias. Complete las oraciones con palabras apropiadas de la lista «Los medios de comunicación». ¡Ojo! Hay que conjugar un verbo.

1. Pedro dice que Martin puede _____ lo que le dice por teléfono.

2. Rogelio le alquila *(rents)* una _____ para filmar un cumpleaños.

3. Mandan el _____ a Buenos Aires con Norberto, un camionero, para que llegue

    a tiempo para el programa de noticias ese día.

4. Martín es un joven _____.

5. Trabaja en un _____ de la capital.

6. Martín _____ la financiera y dice que el 80 por ciento de los nombres de Finan-

    Sur y Banco Alcázar coinciden.

7. Pedro y José tratan de _____ al público de que la financiera es corrupta.

---

* These terms are not used exclusively in Argentina—some are heard elsewhere as well.

B. En resumen. Complete las oraciones con palabras apropiadas de la lista «Otras palabras». ¡Ojo! Hay que conjugar algunos verbos.

1. José _____ a Pedro entre los empleados de la financiera porque parece simpático.

2. Pedro se _____ en el escudo de José.

3. «A mí la conciencia de la gente que _____ más el dinero que la vida no me preocupa», dice José.

4. José dice que lo único que corrió el _____ fue su vida, no la vida de Pedro, porque se apuntaba el revólver a sí mismo.

5. Rodolfo les dice a los periodistas que no sabe nada del dinero pero que _____ en la justicia.

6. Pedro dice que tienen que explicar que José y él sienten una gran _____, que él nunca fue rehén.

7. El papá de José estaba muy _____ de su nieto y quería que fuera a Buenos Aires a estudiar.

8. «Muy _____», dice Ana cuando José sugiere pararla sobre cemento y tirarla al río.

9. Según José, «Lo _____ era dejar que me pegara un tiro ahí»; en la vida, no hay seguridad.

10. Rodolfo dice que se _____, que cometió varios errores, como subestimar a Pedro, por ejemplo.

11. Pedro le dice a José que está bien, que pudieron _____ a los caballos.

12. Al final de la película, Pedro y Ana cruzan la _____.

C. **¿Y en Argentina?** Para cada palabra subrayada, busque una palabra que se podría oír en Argentina. (Consulte la sección «Expresiones regionales».)

> *Modelo:*
> ¿Cómo te llamas, <u>niño</u>?
> **¿Cómo te llamas, nene?**

1. Regalaron <u>500.000 dólares</u> a Amnistía Internacional.

2. Hay una recompensa de quince <u>mil pesos</u>.

3. Quiere una parte <u>del dinero</u>.

4. Ya no pasan más <u>autobuses</u>. Es tarde.

5. A ver, <u>guapo</u>. Te ves muy distinto.

6. Me gusta esa <u>chica</u>.

7. No es la <u>policía</u>; son militares.

Nota cultural

En esta película se usan indistintamente las palabras *dólar* y *peso*. Durante mucho tiempo, un peso argentino equivalía más o menos un dólar americano. La palabra *palo* en Argentina se usa para indicar un millón de pesos, pero cuando se dice *palo verde* se refiere a dólares (porque son verdes). Algunas operaciones financieras se hacen sólo con billetes americanos.

Temas de conversación o composición

Discuta con sus compañeros los temas que siguen.[*]

1. los seres humanos y los animales (¿Quién crió los caballos de la película? ¿Tienen nombres? ¿Cómo habla José con ellos? ¿Cómo es la relación de José con ellos?)

2. el personaje de Pedro (¿Cómo es? ¿Cómo es su mamá? ¿En qué clase de marchas participaba ella cuando era joven? ¿Cómo es el papá de Pedro? ¿Qué dice de su hijo? Describa la vida de Pedro antes del día en que empieza la película. ¿Cómo habría sido su vida si José no hubiera entrado en la financiera con un revólver?)

3. el personaje de José (¿Cómo es? ¿Cómo era su papá? ¿Qué hizo su papá para su nieto? ¿Cómo perdió José a su hijo? ¿a su esposa? ¿Qué otra pérdida sufrió?)

4. la libertad (¿Qué personajes son más libres? ¿Por qué admira José a Ana? ¿Por qué cita José a Máximo Gorki, el escritor ruso: «El hombre arriesga su propia vida cada vez que elige, y eso lo hace libre»?)

5. el «sistema» y la política (¿Qué quiere decir José cuando pregunta, «¿No sería mejor que entendieras en qué clase de nido fuiste a meter la mano»? ¿Por qué dice Pedro que no quiere hablar de política? ¿Qué le contesta José? ¿Es comunista José?)

6. los medios de comunicación (¿Quién decide qué reportajes van a aparecer en el noticiero?¿Por qué dice Rodolfo «Debí manejar a la prensa antes que todo esto creciera»? ¿Por qué le dice García del Campo a Martín que pare la investigación de la financiera? Al principio, el compañero que va con Martín al sur dice que Pedro es como el protagonista de una película que Martín realiza. ¿Por qué pregunta después «¿Te cambió la película, director?» ¿Qué quiere decir José cuando comenta que la televisión tiene que vender y que ellos no venden nada? ¿Es muy distinto el programa de la radio local en el sur?)

7. las apuestas (¿Qué apuesta hace José cuando elige a Pedro? Cuando se entera de la recompensa de quince mil pesos para cualquier persona que ayude a encontrar a Pedro, dice que la financiera apuesta «a lo peor de la gente». ¿A qué había apostado José toda su vida? ¿Qué opina usted de la última pregunta de José: «Los dos ganamos esta apuesta, ¿no es cierto, Pedro?» ¿Ganó José la apuesta?)

---

[*] Your instructor may ask you to report back to the class or write a paragraph about one of the topics.

Una escena memorable

¿Qué pasa en esta escena? ¿Dónde está José? ¿Por qué está contento?

Hablan los personajes

Analice las siguientes citas, explicando de quién son y poniéndolas en contexto. (Para una lista de los personajes, ver el ejercicio B, «Antes de ver la película».)

1. «Se puede vivir una larga vida sin aprender nada. Se puede durar sobre la tierra sin agregar ni cambiar una pincelada del paisaje. Se puede simplemente no estar muerto sin estar tampoco vivo. Basta con no amar nunca nada, a nadie. Es la única receta infalible para no sufrir. Yo aposté mi vida a todo lo contrario y hacía muchos años que definitivamente había dejado de importarme si lo perdido era más que lo ganado. Creía que ya estábamos a mano *(even)* el mundo y yo ahora que ninguno de los dos respetaba demasiado al otro, pero un día descubrí que todavía podía hacer algo para estar completamente vivo antes de estar definitivamente muerto. Entonces me puse en movimiento.»

2. «No estoy hablando de la política. Hablo del mundo en el que estás viviendo… Los países se vacían, se rematan *(are being auctioned off)*. Hay corporaciones que se reparten *(split up)* el mapa con la gente adentro. Ese Pérez puede ser un correo de la droga. Pero también puede ser un funcionario privatizador o el agente de una campaña de inteligencia. Todo el sistema funciona así, no solamente el narcotráfico.»

3. «Estoy harto de escuchar a los viejos decir que el mundo antes era mejor. ¿Acaso usted no usó un revólver al revés *(pointing the wrong way)* para convencerme?»

4. «Mi viejo era un bicho de ciudad. Nunca quiso moverse de Buenos Aires. Por eso nos veíamos poco. Yo no soportaba el ruido y a él lo volvía loco el silencio.»

5. «…hasta que la justicia no investigue su denuncia, no deseo seguir perteneciendo a una empresa que seguro [con seguridad] ha estafado a muchos otros, como a él.»

6. «Vos pará *(stop)* con eso. Para investigar a la financiera, vamos a poner a la flaquita... Laura. Y cuando tengamos un material irrefutable veremos cómo estalla *(goes off)* esta bomba. Por ahora, esto hay que mandarlo tal cual *(as it is)*. Con la réplica *(reply)* de la empresa, por supuesto.»

7. «Hasta la Biblia dice que se puede robar a los ladrones.»

8. «No empecemos con eso, por favor. No nos conocimos en el convento.»

9. «Saben todo. Están orquestando una jugada financiera o política, o con ambos objetivos, y no sabemos hasta qué nivel nos pueden incriminar.»

10. «Ésta es mi nota *(news item [colloquial])*. Yo la empecé y yo la voy a terminar.»

11. «Pero vos cambiaste todo. Empezamos a encontrar gente. Y la gente está allí si uno sale a buscarla. Y de eso me había olvidado.»

12. «Los salvamos a ellos. Y de paso también me salvó a mí.»

Hablando de la cultura...

En Argentina, hay grandes *estancias*, o haciendas. La cría de ganado *(cattle)* es muy importante para la economía del país; se exporta mucha carne de vaca y se producen muchos artículos de cuero *(leather)*. También hay muchos caballos; en Argentina, es muy popular montar a caballo, jugar al polo o ir a los hipódromos *(racetracks)*. El legendario gaucho, o *cowboy* argentino, experto en el manejo del caballo, es un símbolo nacional. En la literatura «gauchesca» es un ser independiente, indómito, hasta heroico. El gaucho nació en el siglo XVII cuando empezaba la industria ganadera y cuando había muchos caballos salvajes en las pampas del país. ¿Por qué quiere José liberar a los caballos de la película? ¿Cómo se llama su caballo preferido? ¿Le va bien a José el nombre «El indomable»?

Hablan los críticos y los directores

Dice Marcelo Piñeyro, «La magia del cine, de la oscuridad... Las sombras proyectadas ahí. Y después, bueno, tengo el recuerdo de ir al cine, como un lugar donde uno sacaba el material para los juegos, ¿no? Ibas a ver una película de cowboys, y decías, bueno vos sos tal, vos sos tal... Y, bueno eso era, sobre ese momento de mi vida específico, o sea, esas muy primeras relaciones con el cine, de sacar material para los juegos, es lo que intenté, con lo que intenté jugar... haciendo *Caballos salvajes*.»

–Marcelo Piñeyro, «Marcelo Piñeyro, un tipo como vos», una entrevista con Pablo Silva, el 19 de abril, 2000, © Fotograma.com

¿Qué tiene en común *Caballos salvajes* con los «westerns» del pasado? ¿En qué son distintos?

(1) «Sobre la huella narrativa del road-movie americano, Piñeyro introduce una sensibilidad latina, profundizando la psicología de los personajes y dotando de lirismo la narración. Héctor Alterio es excelente. Sin dudas, Hollywood realizará una remake con Paul Newman y Antonio Banderas.» *La Reppublica* (de Italia) http://www.artear.com.ar/cine/caballos/index.html (2) «Una bella sorpresa inaugura la sección más espectacular de la Muestra. Piñeyro es un cineasta crecido a pan y cine de Hollywood. Alterio y Sbaraglia aportan una palpitante vitalidad latina. En dos años veremos la remake con George Scott y Keanu Reeves.»

L`Unità (de Italia) http://www.artear.com.ar/cine/caballos/index.html

Si hay un «remake» de *Caballos salvajes* en Hollywood, ¿quiénes interpretarán a José y Pedro? Si ha visto ya la película *Shane*, con Alan Ladd, compárela con *Caballos salvajes*. *(Shane es una de las películas de Hollywood que inspiró a Piñeyro.)*

«Me enamoré del cine porque hay películas que me ayudaron a vivir. Desde aquellas de cowboys que me hablaban de un horizonte de aventura, hasta *Último tango en París*, en la que sentía que un tipo que había vivido más que yo se sentaba a mi lado y me decía: «Mirá, loco, bajá la expectativa de felicidad... todo es más chico de lo que imaginás.» En *Escenas de la vida conyugal* yo sentía que Bergman me decía todo lo que mi viejo no se atrevía a *(didn't dare)* contarme, que me estaba batiendo [contando] cómo seguía la vida. Y también hubo comedias livianas pero bien hechas que me ayudaron a vivir. La relación de cada espectador con una película es intransferible y única. Lo que para alguien es despreciable, a otro le ayuda a vivir. Eso es lo maravilloso del cine.»

—Marcelo Piñeyro, «Tras la plata filmada», *La Nación On Line*, 1998.
http://www.lanacion.com.ar/98/02/20/s01.htm

¿Qué piensa usted de estas ideas? ¿Hay películas que nos «ayudan a vivir»? Dé un ejemplo.

«Es muy bueno hacer una película y que la gente se mate por entrar a verla. Pero mi deseo es que a la salida tenga ganas de discutirla, de seguir hablando de ella. Hay muchos éxitos de boletería *(box-office successes)* de los que el espectador se olvida antes de llegar a la puerta del cine. Siempre han existido películas que sin ser grandes éxitos de boletería despiertan emociones en el público y, tratándose de un hecho cultural, eso es muy valioso.»

—Marcelo Piñeyro, «Tras la plata filmada», *La Nación On Line*, 1998.
http://www.lanacion.com.ar/98/02/20/s01.htm

¿Cree que Piñeyro logró su objetivo con *Caballos salvajes?* Dé ejemplos de películas que no fueron éxitos de boletería pero que dan mucho que hablar o pensar.

CAPÍTULO 11

Un lugar en el mundo

Presentación de la película: Ernesto es un chico de doce años que vive con sus padres en Valle Bermejo, un pobre y remoto pueblo argentino. Sus padres son profesionales de la capital que colaboran con una monja progresista para mejorar la vida de los habitantes del lugar y combatir los abusos de un rico terrateniente *(landowner)*. La llegada de un carismático geólogo español coincide con unos sucesos que cambiarán para siempre la vida de todos.

Un lugar en el mundo fue seleccionada para el Óscar a la mejor película de habla no inglesa en 1993, pero la Academia la descalificó por considerarla uruguaya cuando se había presentado como argentina. Ganó numerosos premios internacionales, entre ellos el Goya a la mejor película de habla hispana y la Concha de Oro en el Festival de San Sebastián.

*El director y guionista Adolfo Aristarain nació en 1943 en Buenos Aires. Comenzó su carrera cinematográfica como ayudante de dirección; hizo más de treinta películas con diferentes directores en Argentina, España, Italia y Estados Unidos, antes de hacer su primer filme como director en 1978. Aparte de *Un lugar en el mundo* (1992), sus películas más conocidas son *Tiempo de revancha* (1981), *Últimos días de la víctima* (1982) y *Martín (Hache)* (1997).

*El gran actor argentino Federico Luppi interpreta a Mario en *Un lugar en el mundo*. Por su ideología progresista, el gobierno militar de Argentina prohibió su trabajo durante cinco años. Ha hecho unas sesenta películas, entre ellas *Hombres armados* y *Caballos salvajes* (ver Capítulos 1 y 10).

*La conocida actriz argentina Cecilia Roth hace el papel de Ana en *Un lugar en el mundo*. Es también la protagonista de *Todo sobre mi madre,* del famoso director español Pedro Almodóvar (Capítulo 18).

*Lea la información sobre la guerra civil española (page 195) y la «guerra sucia» y los desaparecidos en Argentina (page 103).

Preparación

Vocabulario preliminar

Note:
See the information on the **vos** form, page 16.

Cognados

el/la anarquista	expropiar (la expropiación)	el, la nazi
anticlerical	el, la geólogo	el petróleo
el contrato	el hábito	el primate
la cooperativa	multinacional	la utopía

La religión

el/la ateo(a)	*atheist*
la capilla	*chapel*
el cura	*priest*
la monja (meterse a monja)	*nun (to become a nun)*
la novicia	*novice (nun)*

Los ovejeros

el almacén	*store*
deber	*to owe*
la esquila	*shearing*
la estancia	*(Southern Cone) ranch*
el galpón	*shed, storehouse*
la lana	*wool*
la oveja	*sheep*

Los ovejeros (continuación)

el/la ovejero(a)	*shepherd*
el patrón (la patrona)	*boss*

Otras palabras

el alemán (la alemana)	*German*
borracho(a)	*drunk*
echar (echar una mano)	*to throw out (to lend a hand)*
engañar	*to deceive, cheat*
la izquierda	*political left*
el/la judío(a)	*Jew*
el milico	*(pejorative, Ecuador, Southern Cone) soldier, military man*
el/la militar	*soldier, military man (woman)*
el/la peronista	*Peronist (political supporter of Juan Perón)*
presionar	*to pressure*
la represa	*dam*
la vacuna (la vacunación)	*vaccine (vaccination)*

A. ¿Cuál es? Indique con un círculo la palabra que no pertenece al grupo y explique por qué.

1. a. monja   b. novicia   c. cura   d. ateo

2. a. hábito   b. galpón   c. almacén   d. capilla

3. a. anarquista   b. cooperativa   c. peronista   d. nazi

4. a. lana   b. oveja   c. esquila   d. primate

5. a. militar   b. geólogo   c. multinacional   d. ovejero

6. a. petróleo   b. judío   c. patrón   d. alemán

B. ¡Es lógico! Indique con un círculo la respuesta lógica.

1. ¿El gobierno va a expropiar esas tierras?

   a. Sí, va a construir una represa allí.

   b. Sí, va a distribuir vacunas para los niños.

   c. Sí, va a eliminar la oposición de la izquierda.

2. ¿Por qué no aceptaste el contrato?

   a. Es que los milicos viven en la utopía.

   b. Es que soy muy anticlerical.

   c. Es que no quería trabajar para una compañía multinacional.

3. Siempre estás borracho. Esto no puede seguir así.

   a. Te has quedado en la utopía.

   b. No me presiones. Dejaré de beber mañana.

   c. No te debo dinero.

4. ¿Por qué echaron del trabajo a tu amigo?

   a. Porque vivía en una estancia grande.

   b. Descubrieron que engañaba a los clientes.

   c. Porque siempre estaba dispuesto a echar una mano.

Antes de ver la película

A. Los valores

1. ¿Conoce usted a alguien que haya sido perseguido por su ideología política o sus creencias religiosas? Explique.

2. ¿Ha hecho usted activismo social o trabajo voluntario en su comunidad? ¿Se sintió satisfecho(a) de los resultados, o no? Explique.

3. ¿Qué valores *(values)* le enseñaron sus padres? ¿Está usted de acuerdo con esos valores?

4. ¿Hubo algún adulto que le sirvió de mentor(a) en su niñez o adolescencia, fuera de su madre o su padre? ¿Cómo era esa persona?

B. Los personajes. Después de ver la película, cuente dos o tres cosas que hace cada personaje.

> *Modelo:*
> Ernesto ayuda a su padre en la escuela y lee mucho.

Ana

Andrada

Ernesto

Hans

Luciana

Mario

Nelda

Zamora

Note:
Your instructor may ask you to read over the questions in the section **Exploración** before you see the film, in order to improve your understanding of it.

Investigación

Busque información sobre uno de los temas que siguen.[*]

1. el peronismo y los Montoneros

2. la «guerra sucia» en Argentina y los desaparecidos

3. la redemocratización en Argentina después de la dictadura de 1976-1983

4. la teología de la liberación

---

[*] The **Investigación** sections suggest topics related to the movie that you may want to find out more about. Your instructor may assign these to individuals or groups and have them report the information to the class.

Exploración

A. Los secretos. ¿Qué secretos tienen estos personajes? ¿Qué hacen o dicen para que no se descubra el secreto?

> *Modelo:*
> Luciana aprende a leer y escribir. Se reúne con Ernesto en secreto y
> hace los ejercicios de noche, cuando su familia duerme.

1. Ernesto

2. Luciana

3. Hans

4. Andrada

5. Mario

B. ¿Cómo fue? Conteste las preguntas.

1. ¿Adónde vuelve Ernesto después de ocho años? ¿Por qué no existe ya el lugar? ¿A quién le habla al principio y al final de la película? ¿Por qué no está presente esa persona? ¿De qué le habla? ¿Dónde está el tronco *(log)* de madera que mira Ernesto? (Allí se ven las palabras iniciales de la canción que cantaba la abuela de Ernesto: «Shein vi di levune», «Linda como la luna, brillante como las estrellas.»)

2. ¿Cuál es la ideología política de Mario y Ana? ¿Qué trabajo tenía Mario en Buenos Aires y cómo lo perdió? ¿Qué le pasó al hermano de Ana? ¿Por qué vivieron en París y Madrid? ¿Por qué no volvieron a Buenos Aires al regresar a su país?

3. ¿En qué consiste el activismo social de Ana, Mario y Nelda en Valle Bermejo? ¿Para qué formaron la cooperativa?

4. ¿Por qué se metió a monja Nelda? ¿Le habría gustado tener una familia? ¿Por qué no lleva hábito? ¿Por qué tiene que dejar Valle Bermejo al final de la película?

5. ¿De dónde es Hans? ¿Por qué tiene nombre alemán? ¿Estaba de acuerdo con la dictadura *(dictatorship)* de Francisco Franco? ¿Para quién trabaja? ¿Cómo colabora con Nelda, Ana y Mario en su misión? ¿Por qué vuelve a Madrid antes de que se termine su contrato?

6. ¿Para quién trabaja Zamora? ¿Por qué no quiere que Luciana asista a la escuela? ¿Por qué le prohíbe a Ernesto que se acerque *(go near)* a su hija?

7. ¿Qué tácticas emplea Andrada para ganar la carrera *(race)* y para presionar y engañar a los habitantes de Valle Bermejo?

8. ¿Para qué van a San Luis Mario, Ana, Ernesto y Hans? ¿Qué anuncian por la radio Ana y Mario? ¿Qué tipo de películas le entusiasman a Hans? ¿A qué actor admira mucho? ¿Qué sentimientos revela Hans con respecto a Ana y Mario cuando está borracho?

9. ¿Qué es Tulsaco? ¿Qué oportunidades les ofrece a los habitantes de Valle Bermejo? ¿Qué le pasará a la gente cuando se termine la construcción de la represa, según Mario?

Análisis y contraste cultural

Vocabulario

El dinero

apostar (ue) (la apuesta)	*to bet (bet)*
empardar	*(Argentina, Uruguay) to match*
la guita	*(colloquial, Ecuador, Peru, Southern Cone, Spain) money*
el mango	*(colloquial, Argentina, Uruguay) peso (buck)*
la plata	*(colloquial, Latin America) money*
la propina	*tip*

La gente

el/la chaval(a)	*(Mexico, Spain, parts of Central America) kid, youngster*
el/la concejal(a)	*town councilman (councilwoman)*
el/la empleado(a)	*employee*
el/la gaita	*(Río de la Plata) Spaniard*
el/la nene(a)	*(Spain, parts of Latin America) kid*
el/la niño(a) bien	*rich kid (colloquial)*
el/la viejo(a)	*(referring to parents) old man (old lady)*

Otras palabras

arreglarse	*to get by*
la bronca	*(colloquial, Latin Am.) irritation, annoyance*
dar bronca	*(colloquial, Latin America) to bug or get to*
la edad	*age*
enganchar	*(literally, to hook) to catch, get*
fallar	*to fail*
el infarto	*heart attack*
el laburo	*(colloquial, Southern Cone) job*
la ley	*law*
mamarse	*to get drunk*
la mufa	*(Río de la Plata) bad mood*
nacer	*to be born*
la piedra	*rock*
el plano	*plan*

Otras palabras (continuación)

el proyecto	*project*
rajar	*(Río de la Plata) to kick out; (Southern Cone) to beat it, scram*
vale	*(Spain) OK, all right, sure, fine*

Notas culturales

Muchos de los españoles que inmigraron a Argentina eran de Galicia, una región de fuerte influencia celta donde se toca la gaita *(bagpipe).* Por eso en Argentina las palabras «gallego» (persona de Galicia) y «gaita» son sinónimos de «español».

En Argentina se usa el dólar estadounidense además del peso argentino, y son nominalmente equivalentes.

A. Sinónimos. Empareje las palabras subrayadas con sinónimos de la lista.

____ 1. ¡Qué <u>mufa</u>, Nelda! ¿Por qué estás tan triste?

____ 2. Los colegas de Mario lo <u>rajaron</u>.

____ 3. Hans y Mario <u>se mamaron</u> en San Luis.

____ 4. Ana <u>enganchó</u> un <u>laburo</u> en Buenos Aires.

____ 5. Vamos a ver una película de John Wayne, ¿<u>vale</u>?

____ 6. Me <u>da bronca</u> no poder hablar contigo.

____ 7. Adiós, <u>chaval</u>.

____ 8. La gente pasa hambre porque no tiene un <u>mango</u>.

____ 9. El <u>gaita</u> te dio esa propina porque no sabe lo que vale <u>la guita</u>.

____10. Andrada <u>empardó</u> la apuesta de la cooperativa.

____11. Hans era un niño <u>bien</u>.

a. nene

b. consiguió

c. de acuerdo

d. el dinero

e. echaron

f. español

g. igualó

h. molesta

i. mal humor

j. peso

k. se emborracharon

l. rico

m. trabajo

B. Ernesto. Complete las oraciones con la forma apropiada de palabras de la lista.

arreglan	infarto	plata
concejal	leyes	propinas
edad	nació	proyecto
empleado	piedras	viejos
fallan	plano	

1. Ernesto _____ en España.

2. Ana cree que Ernesto será como su padre. Dice que las _____ de la genética

   no _____.

3. A Ernesto le interesan las _____.

4. Mario no quiere que Ernesto acepte _____.

5. Nelda le dice a Ernesto que entre en la capilla para darles un susto *(scare)*

   a sus _____.

6. Andrada es _____ de Valle Bermejo.

7. Hans es _____ de Andrada, pero no es su amigo.

8. Ernesto va adonde trabaja Hans y ve un _____ para hacer una represa.

9. Andrada se enoja con Hans por hablar del _____.

10. Mario muere de un _____ y Ana y Ernesto se van a Buenos Aires.

11. No ganan mucha _____ allí, pero se _____.

12. Ernesto está en una _____ en la que está obligado a tomar decisiones.

Temas de conversación o composición

Discuta con sus compañeros los temas que siguen.[*]

1. el título (Mario ha encontrado su lugar en Valle Bermejo y ya no puede irse. ¿Es también el lugar de Ana? ¿de Ernesto? ¿de Nelda? ¿Cree usted que cada uno de nosotros tiene un lugar en el mundo? ¿Sabe usted cuál es su lugar?)

---

[*] Your instructor may ask you to report back to the class or write a paragraph about one of the topics.

2. el idealismo y el realismo (¿Qué personajes son más idealistas? ¿más realistas? ¿Quién se desanima *(gets discouraged)*? ¿Se contagia Hans del idealismo de sus amigos o no? ¿Qué representa el niño que nace muerto? ¿Es total el fracaso *(failure)* del sueño utópico de Mario, Ana y Nelda?

3. las compañías multinacionales (¿Cuál es el impacto inicial de la llegada de la Tulsaco a Valle Bermejo? ¿Qué pasa cuando se termina la construcción del complejo hidroeléctrico? ¿Qué nos quiere decir el director con respecto a las multinacionales?)

4. la amistad (¿Cómo se desarrolla la amistad entre Hans y Mario?)

5. el amor (¿Cómo se desarrolla la relación amorosa entre Ernesto y Luciana? ¿y la atracción mutua de Ana y Hans?)

6. el personaje de Hans (¿Qué concepto tiene de la humanidad y de sí mismo? ¿Por qué dice que él es un mercenario? ¿Qué cualidades positivas tiene? ¿Le parece a usted una contradicción que ayude a sus amigos en su misión de solidaridad humana y, a la vez, trabaje para Andrada, que busca enriquecerse a costa de los débiles? ¿Qué opina usted de Hans?)

7. el personaje de Mario (¿Por qué dice Hans que Mario es un «frontera» *(frontiersman)*? ¿Se parece a los héroes de las películas del oeste norteamericanas? ¿Comprende usted, o no, por qué destruye la lana de la cooperativa? ¿Comprende usted por qué decide quedarse en Valle Bermejo mientras Ana y Ernesto viven en Buenos Aires? ¿Qué piensa usted de él?)

8. el personaje de Nelda (¿Cree usted que tener familia hace más difícil o imposible servir a los demás? ¿Cómo se explica que sea tan amiga de los agnósticos Ana y Mario? ¿Qué piensa de su decisión de obedecer a sus superiores y dejar Valle Bermejo? ¿Qué opina usted de ella?)

9. *coming-of-age* (¿Qué hechos y temas típicos de las películas y novelas de este género hay en la película? ¿Le habría gustado a usted tener padres como Mario y Ana? ¿tener un mentor como Hans? Explique.)

10. el *western* (¿Qué personajes, conflictos y otros elementos de las clásicas películas del oeste de Hollywood hay en *Un lugar en el mundo*? ¿Le recuerda algún *western* en particular?

11. *El llamado de la selva* (¿Qué tiene que ver con los personajes y la acción de la película el pasaje de la novela que leen Ernesto y Luciana?)

«Una y otra vez, al observar los brutales castigos *(punishments)*, Buck entendió la lección. Un hombre armado de un garrote *(club)* era el que dictaba las leyes. Un amo *(master)* que debía ser obedecido pero no necesariamente amado. De este sentimiento Buck nunca fue culpable. Pero vio a otros perros vencidos *(beaten)* a golpes *(blows)* que adoraban al hombre y meneaban *(wagged)* el rabo *(tail)* y le lamían *(licked)* la mano.»

Una escena memorable

¿Por qué va tan rápido Ernesto? ¿Para qué está entrenando al caballo? ¿Qué pasa después en la fiesta del pueblo?

Hablan los personajes

Analice las siguientes citas, explique de quién son y póngalas en contexto. (Para una lista de los personajes, ver el ejercicio B en la sección «Antes de ver la película».)

1. «No se puede ser tan imbécil; hay cosas de las que uno no puede olvidarse, no tienen que olvidarse, aunque duelan...»

2. «Tu madre es una princesa y no te lo había dicho. Pero yo he perdido mi palacio y este hombre me ha descubierto. Y no sé qué hacer con mi vida.»

3. «En ningún lugar va a estar mejor que aquí. Lo que fue bueno para su madre va a ser bueno para ella.»

4. «Vuestro idealismo es ... de otra época. De otro mundo.»

5. «Somos primates, y no podemos cambiar.»

6. «Cuanto más se sabe, más cerca se está de la magia *(magic).*»

7. «Con la gente no sirve, chavales. Sólo funciona con las piedras. Para la gente todavía no se ha inventado nada.»

8. «Tu viejo ... nació para esclavo *(slave)*, pero vos no.»

9. «Dios es para los humanos, y antes que hablar de Dios, tengo que conseguir que vivan como seres humanos.»

10. «Y yo ya estoy un poco cansada de jugar a los héroes anónimos.»

11. «Yo sé que te vas a ir. Vas a volver a la capital. Porque vos no sos de acá. Sos de la capital. Y los de la capital siempre se van.»

12. «Usted se me quedó en la utopía, maestro.»

13. «No estoy loco. Algún día lo vas a entender...»

14. «No puedo dejar todo esto. Cuando uno encuentra su lugar, ya no puede irse.»

Hablando de la cultura...

Hans usa palabras y expresiones que no se usan en Argentina, y sus amigos argentinos usan palabras y expresiones que no se entienden en España. La pronunciación también es diferente. ¿Alguna vez ha tenido dificultad en entender a una persona de otro país de habla inglesa por el acento? ¿por usar una palabra o expresión que usted no entendía? Explique.

La fiesta de Valle Bermejo es una kermesse o feria de caridad *(for charity)*. ¿En qué se parece a las ferias de este tipo de su pueblo o ciudad? ¿Qué diferencias hay?

Hablan los críticos y los directores

Según la opinión de Gary Kamiya, "Hans ... shifts the film from being a simple parable of good versus evil. With his disillusioned intelligence and essential integrity, he is as much a role model for Ernesto (and the viewer) as Mario."

—Gary Kamiya, *San Francisco Examiner*

¿Está usted de acuerdo? Sin Hans, ¿sería la película una simple parábola del bien contra el mal? ¿Es tan buen modelo de conducta Hans como Mario?

Juan Luis Castaño escribe que Mario «toma el partido de anteponer *(put first)* sus ideales a cualquier otra cosa, incluida su familia o los propios campesinos por los que parece luchar. La escena en la que quema las pieles es totalmente clarificadora al respecto.»

—«La apuesta personal»,
http://orbita.starmedia.com/~revistasunrise/jun2001/apuesta.htm

¿Antepone Mario sus ideales a su familia y a los ovejeros? ¿Le parece equivocada, o no, la destrucción de la lana de la cooperativa? ¿Se puede comprender aunque sea equivocada?

CAPÍTULO 12

Fresa y chocolate

Presentación de la película: David sufre. Su problema es Vivian, el amor de su vida. Va a una heladería y pide un helado de chocolate. Allí conoce a Diego, un joven intelectual. David es «militante de la Juventud» en el partido comunista cubano y Diego es un homosexual apolítico. A partir de este día, la vida de los dos empieza a cambiar….

*Tomás Gutiérrez Alea (conocido como «Titón» en su Cuba natal) fue uno de los directores latinoamericanos más exitosos de todos los tiempos. Entre sus películas están: *La muerte de un burócrata* (1966), *Memorias del subdesarrollo* (1968), *La última cena* (1976), *Hasta cierto punto* (1983) y *Guantanamera* (1995). A pesar de la censura en Cuba, sus filmes satirizan la vida bajo el régimen de Fidel Castro. Juan Carlos Tabío co-dirigió la película; también co-dirigió *Hasta cierto punto* y *Guantanamera* con Gutiérrez Alea. Mirta Ibarra, la esposa de Titón, interpreta a Nancy. La película originó mucha polémica en Cuba.

Fresa y chocolate se basó en el cuento de Senel Paz «El bosque, el lobo y el hombre nuevo.» Paz también escribió el guión.

*La película ganó muchos premios, incluso el de la Oficina Católica Internacional de Cine a la mejor película de 1993. Fue el primer filme cubano seleccionado para el Óscar a la mejor película extranjera.

*Aunque la película es de 1993, la historia tiene lugar en 1979, cuando se perseguía *(persecuted)* más a los homosexuales en Cuba.

Preparación

Vocabulario preliminar

Note:
In Cuba, the **s** sound sometimes goes unpronounced, so that **Buenos días** may sound like **Bueno' día'** or **¿Cómo estás?** may sound like **¿Cómo está'?** Similarly, the **d** sound may not be heard: **usted** may sound like **uste'** (or **u'te'**) or **nada** like **na'a**.

Cognados

afeminado(a)	exquisito(a)	maravilloso(a)
el escándalo	la foto	el talento
la escultura	el/la fotógrafo(a)	transmitir
la exposición	la galería	voluntario(a)

Otras palabras

botar	*to throw out, throw away*
callado(a)	*quiet, not speaking*
captar	*(colloquial) to get it, understand; to recruit*
la cola (hacer cola)	*line (to line up)*
el corazón	*heart*
el/la creyente	*believer, person of faith*
la embajada	*embassy*
el/la enemigo(a)	*enemy*
el/la extranjero(a)	*foreigner*
la guardia (hacer guardia)	*watch, guard (to keep watch, guard)*
la isla	*island*
el maricón	*(pejorative) gay, homosexual*
la pieza	*piece (e.g., of art); room*
el principio	*principle*
raro(a)	*weird, strange (also, possibly gay)*
la sangre	*blood*
soñar (ue)	*to dream; to sleep*
tener lástima	*to pity*
el/la vecino(a)	*neighbor*
la vigilancia	*vigilance*
vigilar	*to watch*

A. Sinónimos. Para cada palabra subrayada, dé un sinónimo de las listas «Cognados» u «Otras palabras».

> *Modelo:*
> Ahora sí, <u>entendí</u>. ¡Me trataban de engañar!
> **Ahora sí, capté. ¡Me trataban de engañar!**

1. Este helado es <u>delicioso</u>.

2. No me tengas <u>compasión</u>.

3. Mi mamá es <u>religiosa</u>, pero yo no.

4. No creas que me quedé <u>sin palabras</u>.

5. ¿Qué vas a hacer con los papeles que están en la mesa? ¿Los vas a <u>tirar</u>?

B. Fuera de lugar. Escoja la palabra que está fuera de lugar.

1. exposición / escultura / pieza / escándalo

2. maravilloso / talento / exquisito / fantástico

3. sangre / corazón / circular / transmitir

4. foto / principio / fotógrafo / galería

5. afeminado / homosexual / guardia / maricón

C. Un poco de historia. Complete los párrafos con palabras apropiadas de las listas.

cola	enemigo	isla
embajada	extranjeros	soñaban

Después de la Revolución Cubana de 1959, mucha gente (especialmente gente de la clase media o alta) salió de la (1) _____. La mayor parte de ellos fueron a Miami, a sólo noventa millas de Cuba. Allí establecieron una comunidad muy próspera. Para muchos de ellos, Fidel Castro representaba al (2) _____ ; luchaban contra él y su gobierno comunista en Cuba. (3) _____ con derrocarlo *(overthrow him)* y volver a Cuba. A pesar de sus esfuerzos, incluso la invasión de la Bahía de Cochinos en 1961, sus sueños no se convirtieron en realidad.

Estados Unidos rompió las relaciones diplomáticas con el nuevo gobierno comunista y cerró su (4) _____ en La Habana. Cuando se estableció un bloqueo económico contra Cuba, empezó a ser muy difícil conseguir productos (5) _____. Con la escasez *(scarcity)* de productos, había que hacer (6) _____ para comprar hasta los productos de primera necesidad.

guardia	raro	vigilancia
principios	vecinos	voluntarios

Los cubanos hacían trabajos (7) _____, como, por ejemplo, cortar caña *(sugar cane)*. También muchos tenían que hacer (8) _____. Se estableció la (9) _____ para «vigilar» a la gente; i.e., una persona de cada barrio vigilaba a todos los (10) _____ . Al ver algo (11) _____ o poco común, tenían que reportarlo a las autoridades. Mandaron a muchos de los «flojos» (la gente que se sospechaba de no tener firmes los (12) _____ revolucionarios) a la UMAP (campamentos de trabajo). Los homosexuales se consideraban «flojos», en general, y la persecución contra ellos era intensa en aquella época.

Antes de ver la película

A. **¿Cierto o falso?** Lea las siguientes oraciones. Indique C (cierto) o F (falso). Corrija las oraciones falsas.

En la época de la película, 1979, ...

____ 1. Fidel Castro es el líder comunista de Cuba.

____ 2. El gobierno de Estados Unidos tiene muy buenas relaciones con el gobierno cubano.

____ 3. Hay muchos cubano-americanos en Miami y tienen una comunidad muy próspera allí.

____ 4. Los cubanos pueden salir de Cuba sin problemas.

____ 5. No hay discriminación contra los homosexuales en Cuba.

B. La amistad

1. Describa a su mejor amigo. ¿Cómo es?

2. Para usted, ¿cuáles son algunas características de un buen amigo o de una buena amiga?

3. ¿Tiene amigos muy diferentes a usted? ¿Cómo son?

Note:
Your instructor may ask you to read over the questions in the section **Exploración** before you see the film, in order to improve your understanding of it.

Investigación

Busque información sobre uno de los temas que siguen.[*]

1. Fidel Castro

2. Ernesto «Che» Guevara (cuya foto David pone en el «altar» de Diego)

3. la santería (una religión afrocubana)

4. Pablo Milanés («Pablito» en la película, el que fue mandado a la UMAP, o Unidades Militares de Ayuda a la Producción, es decir, un campamento de trabajo)

Exploración

A. ¿Cierto o falso? Lea las siguientes oraciones. Indique C (cierto) o F (falso). Corrija las oraciones falsas.

_____ 1. Diego es escultor; por eso, su apartamento está lleno de esculturas.

_____ 2. David le dice a Diego que la homosexualidad es un problema endocrino y que es culpa de la familia, especialmente del papá.

_____ 3. Diego siempre habla con Rocco en la cocina. Rocco es su perro.

_____ 4. Diego siempre tiene whisky importado porque tiene muchos amigos extranjeros.

_____ 5. Nancy les reza a los santos católicos y a los dioses africanos para que la ayuden a conquistar a David.

_____ 6. Nancy compra y vende cosas en el mercado negro.

---

[*] The **Investigación** sections suggest topics related to the movie that you may want to find out more about. Your instructor may assign these to individuals or groups and have them report the information to the class.

B. La historia

1. ¿Dónde están David y Vivian al principio de la película? ¿Cómo muestra esta escena el carácter de los dos?

2. ¿Por qué perdió David a Vivian?

3. ¿A quién conoce David en la heladería La Coppelia? ¿Le cae bien esta persona?

4. ¿Por qué David acompaña a Diego a su casa?

5. Según Diego, ¿qué tienen Óscar Wilde, Gide, Lorca y Alejandro Magno en común con él?

6. ¿Por qué ponen música cuando hablan de política?

7. David habla con Miguel, su compañero de cuarto, acerca de su encuentro con Diego. ¿Cómo es Miguel?

8. ¿Quién trata de suicidarse? ¿Quién la salva?

9. ¿Quién es Germán? ¿Qué clase de arte hace? ¿Por qué no tiene el apoyo del gobierno revolucionario?

10. Germán tiene un amigo que lo va a ayudar a irse del país. Va a ayudarlo con la exposición de sus esculturas, pero pone una condición: que se quiten *(take away)* algunas piezas. ¿Cómo reacciona Diego cuando se entera de esto?

11. Diego y David escuchan música de Ignacio Cervantes: «Adiós a Cuba» e «Ilusiones perdidas». ¿Qué tiene que ver esta música con los personajes de la película? ¿Qué ilusiones ha perdido Diego?

12. ¿Qué le da David a Diego para leer?

13. ¿Qué piensa Diego de lo que David ha escrito? ¿Qué le recomienda? ¿Cómo lo ayuda?

14. ¿Por qué va Nancy a la casa del santero? ¿Qué les pide a los santos?

15. ¿Por qué va Miguel a la casa de Diego?

16. David piensa que Diego es espía cuando lo ve con los diplomáticos extranjeros. ¿Por qué está Diego con ellos? ¿Qué piensa hacer?

17. ¿Quiere Diego dejar Cuba? ¿Por qué se va?

18. ¿Qué hacen David y Diego el último día que Diego pasa en La Habana? ¿Qué le confiesa Diego a David? Se siente muy mal por lo que ha hecho y le pide perdón. ¿Por qué es irónico esto?

Análisis y contraste cultural

Vocabulario

Las bebidas y algunas comidas

el agua tónica	*tonic water*
el azúcar	*sugar*
la botella	*bottle*
brindar	*to toast*
el brindis	*toast, drink*
¡Chin chin!	*(imitating sound of glass clinking) Cheers!*
la copa	*wineglass, drink (usually alcoholic)*
la fresa	*strawberry*
el helado	*ice cream*
el hielo	*ice*
la taza	*cup*

Otras palabras

el abrazo	*hug*
la amistad	*friendship*
averiguar	*to find out, determine*
la caja	*box*
la camisa	*shirt*
los escritos	*writings*
hacer daño	*to harm*
la onda	*(literally, sound wave, colloquial) thing*
pasear	*to take a walk, go on an outing*
el peligro	*danger*
pesado(a)	*(colloquial) boring, dull or annoying, a pain*
probar (ue)	*to try*
la puta	*slut, whore*
¡Qué casualidad!	*What a coincidence!*
la sonrisa	*smile*
sufrir	*to suffer*

Expresiones regionales*

el asere	*friend*
chico(a)	*often used as a term of address to a friend*
la guagua	*bus*
el/la guajiro(a)	*country person*
la loca	*effeminate man; also, queen (gay who flaunts himself)*
los orishas	*African deities, gods who play a part in the Afro-Cuban religion referred to as **santería***

A. En resumen. Complete las oraciones con palabras de la lista «Otras palabras». ¡Ojo! Hay que conjugar un verbo.

1. «¡Qué _____!», dice David cuando ve a Vivian, pero ella sabe que él la estaba

   siguiendo.

2. Diego dice que las fotos de David están en una _____.

3. Diego dice que David tiene que _____ el té, que es de la India.

4. David tiene que quitarse la _____ porque está mojada.

5. David le cuenta a su amigo Miguel que Diego tiene cosas raras, como una «_____

   religiosa», en su apartamento.

6. Después de hablar con Miguel, David empieza a _____ todo sobre Diego, la

   exposición de arte, etc.

7. Cuando David regresa a ver a Diego, le dice que se puso _____ porque tuvo

   un día malísimo.

8. Diego dice que cree en la _____, que pueden ser amigos.

9. David le da sus _____ a Diego para que los lea.

10. Cuando Diego se enoja con Nancy y con los funcionarios del gobierno, le dice «¡Ahora

    las _____ son críticas de arte!» y Nancy se ofende mucho.

11. Nancy tiene miedo porque sabe que Diego está en _____.

_____

* These terms are not used exclusively in Cuba—some are heard elsewhere as well. Note that in Cuba as in Spain the verb **coger** is often used to mean *to take,* and its use in this movie is not vulgar as it would be in many parts of Latin America.

12. Nancy y David salen a _____ por La Habana.

13. David tiene una _____ muy linda.

14. Diego le pide a David que le dé un _____ porque se siente mal.

15. Diego dice que los revolucionarios están dejando caer a La Habana y que no les importa, que no _____ cuando la ven.

16. David le promete a Diego que nadie va a hacerle _____ a Nancy.

B. Comidas y bebidas. Complete los párrafos con palabras de la lista «Las bebidas y algunas comidas».

David y Diego se conocen en «La Coppelia», donde Diego toma un (1) _____ de

(2) _____. Más tarde, cuando David va al apartamento de Diego, éste le ofrece té

en una (3) _____ de porcelana delicada. David dice que no lo quiere y que no tiene

dolor de estómago. Pero después, lo acepta. «Le falta (4) _____», le dice a Diego

después de probarlo. «¡No!», dice Diego, «¡sería un crimen!»

En otra ocasión, Diego saca una (5) _____ de whisky para (6) _____ por

la amistad. También saca dos (7) _____ y va a la cocina por unos cubitos de

(8) _____. No le pone (9) _____ tónica al whisky.

«(10) ¡_____!» le dice a David en un (11) _____ muy alegre.

C. **¿Y en Cuba?** Para cada palabra subrayada, dé una palabra que se podría oír en Cuba. (Consulte la sección «Expresiones regionales».)

> *Modelo:*
> Ya tú sabe', <u>amigo</u>, puedes contar conmigo.
> **Ya tú sabe', asere, puedes contar conmigo.**

1. Bueno, <u>amiga</u>, nos vemos otro día. Adiós.

2. Está muy lejos la casa de Tomás; vamos a ir en <u>autobús</u>.

3. Yo soy <u>campesino</u>; no conozco la ciudad.

4. Van a pensar que somos dos <u>maricones</u>.

5. Ochún y Babalú son dos <u>dioses africanos</u>.

Nota cultural

Diego invita a David y a Nancy a un almuerzo «lezamiano», un almuerzo muy caro que él mismo prepara. Lee la descripción de este almuerzo en la novela *Paradiso* de José Lezama Lima, un escritor cubano que era homosexual. La novela no había sido publicada en Cuba durante la época de la película por la orientación sexual del autor, pero ahora el gobierno ha cambiado su punto de vista y el libro está en circulación.

Temas de conversación o composición

Discuta con sus compañeros los temas que siguen.[*]

1. los puntos de vista de Diego y de David sobre la Revolución Cubana (¿Por qué son tan distintos? ¿Cómo cambió la revolución el destino de los dos? En general, ¿es positivo o negativo el «retrato» de la revolución en esta película?)

2. el «cubanismo» según David y según Diego (¿Qué valores son importantes para ellos? ¿Quiénes son sus héroes? ¿En qué aspectos cambia Diego durante la película? ¿En qué aspectos cambia David?)

3. las personalidades de Nancy y de David (¿Qué tienen en común? ¿Cómo era su vida sentimental antes de conocerse? ¿En qué se diferencian?)

---

[*] Your instructor may ask you to report back to the class or write a paragraph about the topic.

4. los altares de Diego y de Nancy (Diego tiene un altar dedicado a la Virgen de la Caridad, la santa patrona de Cuba. Nancy tiene un altar dedicado a Santa Bárbara-Changó y a otros dioses y santos. ¿Qué cosas tienen en sus altares? ¿Son «creyentes» los dos? ¿En qué se diferencian sus altares?)

5. las comidas y bebidas en la película (¿En qué escenas hay comidas o bebidas? ¿Cómo hay que conseguir algunas cosas que no se pueden comprar en las tiendas? ¿Cómo se puede interpretar el título?)

6. la amistad (¿Qué clase de amistad existe entre David y Diego? ¿entre David y Miguel? ¿entre Diego y Nancy? Para usted, ¿qué factores son importantes para mantener una buena amistad?)

Hablando de la cultura

En español, abundan las palabras para expresar cariño. David se enoja cuando Diego lo llama «niño», «papito», «querido», «pequeña fiera», etc. y la gente del taxi se burla de Diego cuando usa la palabra «papito» hablando con David. Cuando Diego y Germán se hablan, usan la forma femenina de estas expresiones: «niña», «querida», etc. También se puede usar una forma diminutiva para indicar cariño; por ejemplo, Nancy usa la palabra «virgencita» en vez de «virgen». (Por otra parte, se ve en la película que los diminutivos se usan para expresar desprecio *[scorn]*; por ejemplo, cuando Miguel habla con David y se refiere a «tu mujercita» [Diego] o cuando Diego acusa a Germán de venderse «por un viajecito a México».) ¿Cómo se expresa el cariño en esta película? Dé ejemplos.

Una escena memorable

Describa el altar de Nancy. ¿A quiénes reza? ¿Hay una fusión de tradiciones religiosas en Cuba? Explique.

Hablan los personajes

Analice las siguientes citas, explique de quién son y póngalas en contexto.

1. «Todo el mundo se pasa la vida pensando en el sexo, como si fuera lo único importante. El sexo. Vivian igual. Se hacía la romántica, la muy espiritual, pero en el fondo lo único que quería era el sexo.»

2. «Formo parte de este país, aunque no les guste.»

3. «Pienso que uno tiene que estudiar algo que sea útil a la sociedad.»

4. «El arte no es para transmitir. Es para sentir y pensar. Que transmita la Radio Nacional.»

5. «Estudio en la universidad, ¿y quién soy? Un hijo de campesinos.»

6. «Él me va a comprender, va a saber que dentro de mí hay una cosa limpia que nadie ha podido ensuciar, y eso mío es lo que yo le ofrezco.»

7. «¿Cuándo van a comprender que una cosa es el arte y otra la propaganda? Para no pensar ya tienen la televisión, los periódicos, la radio y todo lo demás.»

8. «Eso no va a caer del cielo. Tenemos que luchar mucho, pero sobre todo con nosotros mismos.»

Hablan los críticos y los directores

"The movie reminded me of *Educating Rita* and, of course, of *Pygmalion* in the way young people, hungry for knowledge, absorb it from older ones who are in love with them; the love remains suspended while the ideas sink in. And all around are semi-documentary glimpses of today's Havana: the ancient Detroit cars in the streets, the way color and life penetrate even dismal slums, the gloominess of Marxist orthodoxy, the ambiguity of characters like Nancy (Mirta Ibarra) . . .. The movie has real strength and charm, especially in the way it leads us to expect a romance, and then gives us a character whose very existence is a criticism of his society."

–Roger Ebert, review of *Fresa y chocolate*,
Chicago Sun-Times, February 10, 1995.

¿Qué elementos de las vistas de La Habana son memorables? ¿Qué impresión de la ciudad da la película? ¿Pensaba usted que habría un romance entre Diego y David? ¿Entre David y Nancy?

"Discrimination against gays in Cuba has been criticized before, notably by the late, great cinematographer Nestor Almendros. To what extent the film is manipulative, how much its criticism of the State and its plea for tolerance of minorities are 'safe,' has been debated by critics and Cuban exiles. I will not venture on this minefield except to say that the movie, like its protagonists, is a delight and that in his quest for freedom, Diego is the truest revolutionary of them all."

–Edwin Jahiel, "Movie Reviews by Edwin Jahiel," http://www.prairienet.org/ejahiel/strawcho.htm

¿Está usted de acuerdo: es Diego el revolucionario más auténtico de todos?

CAPÍTULO 13

Guantanamera

Presentación de la película: La vieja y famosa cantante Georgina «Yoyita» Travieso vuelve a Guantánamo, su ciudad natal. Visita a su sobrina Gina, asiste a una elegante recepción en su honor y muere en brazos de Cándido, enamorado de ella desde la adolescencia. Ahora hay que llevarla a La Habana, en el otro extremo de la isla, para su entierro *(funeral)*.

Guantanamera (1995) es el último filme del famoso director cubano Tomás Gutiérrez Alea (ver el Capítulo 13), que murió poco después de su estreno *(premiere)*. Juan Carlos Tabío co-dirigió la película.

*Jorge Perugorría y Mirta Ibarra, que hacen el papel de Mariano y Gina en *Guantanamera,* también actuaron en *Fresa y chocolate*.

Preparación

Vocabulario preliminar

See note on Cuban pronunciation (page 142).

Cognados

la cafetería	la gasolina
el dólar	el kilómetro
la economía	la universidad

El entierro

el ataúd	*coffin*
el cadáver	*corpse*
la caja	*coffin*
el coche (carro) fúnebre	*hearse*
el/la difunto(a)	*deceased*
el/la doliente	*mourner*
enterrar (el entierro)	*to bury (burial, funeral; funeral procession)*
el/la familiar	*relative*
la flor	*flower*
la funeraria	*undertaker's, funeral home*
la muerte	*death*
el/la muerto(a)	*dead person*

Las profesiones

el/la cantante	*singer*
el/la chofer	*driver*
el/la economista	*economist*
el/la funerario(a)	*undertaker*
el/la ingeniero(a)	*engineer*
el/la músico(a)	*musician*
el/la profesor(a)	*professor*
el/la rastrero(a)	*tractor-trailer truck driver (Cuba)*

Otras palabras

la brujería	*witchcraft; spell*
la casualidad	*coincidence*
la cinta	*ribbon*
dar clase	*to teach*
de parto	*in labor*
escotado(a)	*low-cut (blouse, dress)*
el homenaje	*tribute*
el lío	*problem, trouble*
la paladar	*small restaurant in a private home (Cuba)*

Otras palabras (continuación)

la rastra	*tractor-trailer truck (Cuba)*
el traslado	*transport*
tropezar (ie) con	*to bump into*
el viaje	*trip*

A. Las profesiones. Explique lo que hacen las personas que tienen las siguientes profesiones.

1. rastrero(a)

2. cantante

3. chofer

4. economista

5. funerario(a)

6. ingeniero(a)

7. músico(a)

8. profesor(a)

B. La muerte de la abuelita. Complete el párrafo con la forma apropiada de las palabras de la lista «El entierro».

La (1) _____ sorprendió a la abuelita cuando dormía. Yo era muy pequeño y me

impresionó mucho ver su (2) _____ tan blanco y pequeño. Por la tarde fuimos a la

(3) _____ para ver los (4) _____ y escogimos una (5) _____

de madera negra para la (6) _____. Llevaron a la (7) _____ al cementerio

en un gran coche (8) _____. Asistieron muchos (9) _____ al

(10) _____ y había muchas (11) _____ bonitas mandadas por los

(12) _____ y los amigos.

C. ¡Es lógico! Escoja la palabra que completa lógicamente la oración.

1. ¡Hola, amiga! Es la tercera vez que tropiezo contigo hoy. ¡Qué...

   a. lío!

   b. homenaje!

   c. casualidad!

2. Me encanta esa blusa...

   a. cinta.

   b. escotada.

   c. doliente.

3. El dólar está fuerte ahora porque va muy bien...

   a. el kilómetro.

   b. la gasolina.

   c. la economía.

4. Ella es la profesora que daba clase de economía política en...

   a. la paladar.

   b. la universidad.

   c. el traslado.

5. Llevamos al hospital a Yamilé. Está...

   a. de parto.

   b. de viaje.

   c. de casualidad.

6. Salió de la cafetería y subió a la...

   a. brujería.

   b. tren.

   c. rastra.

Antes de ver la película

A. Los sueños

1. ¿Ha perdido usted alguna vez la oportunidad de realizar *(fulfill)* un sueño?

2. ¿Qué quiere hacer usted en la vida antes de que sea demasiado tarde?

3. ¿Alguna vez tuvo que romper con el pasado para vivir plenamente *(fully)?*

B. Los personajes.
Lea los nombres de los personajes y la lista de profesiones. Después de ver la película, empareje los personajes con la profesión o profesiones que se asocian con cada uno(a).

___ 1. Adolfo

___ 2. Cándido

___ 3. Gina

___ 4. Mariano

___ 5. Ramón

___ 6. Tony

___ 7. Yoyita

a. funerario(a)

b. rastrero(a)

c. cantante

d. chofer

e. economista

f. ingeniero(a)

g. músico

h. profesor(a)

i. burócrata

Note:
Your instructor may ask you to read over the questions in the section **Exploración** before you see the film, in order to improve your understanding of it.

Investigación

Busque información sobre uno de los temas que siguen.[*]

1. Fidel Castro y la revolución cubana

2. las recientes reformas económicas en Cuba

3. el bloqueo económico contra Cuba por parte del gobierno de Estados Unidos

4. la base naval norteamericana de Guantánamo

5. la canción «Guantanamera»

6. la santería y la brujería (religiones afro-cubanas)

7. los logros de la revolución cubana en educación y salud

Exploración

A. Asociaciones. Indique qué personaje o personajes se asocian con las siguientes cosas y explique por qué.

1. una cinta azul

2. la brujería

3. un vestido escotado

4. el contrabando

5. una niña misteriosa

6. los líos con mujeres

7. un plan ridículo

8. una carta

---

[*] The **Investigación** sections suggest topics related to the movie that you may want to find out more about. Your instructor may assign these to individuals or groups and have them report the information to the class.

B. **¿Por qué?** Explique por qué pasan estas cosas.

1. Yoyita vuelve a Guantánamo después de cincuenta años.

2. Adolfo quiere reducir costos en el traslado de cadáveres.

3. Hay que cambiar de coche fúnebre en cada provincia.

4. Gina ya no da clase de economía política del socialismo en la universidad.

5. Es muy difícil comprar comida y bebida durante el viaje.

6. Cándido decide continuar el viaje por su cuenta *(on his own)*.

7. Cándido le dice a Gina que debe dejar a Adolfo.

8. Llegan a La Habana con el ataúd equivocado.

9. Cándido se muere en la funeraria de La Habana.

C. **¡Qué casualidad!** Gina y Mariano se encuentran seis veces durante el viaje. Resuma lo que pasa entre ellos en cada encuentro.

1. en el bar de carretera donde sólo aceptan dólares

2. en el hospital

3. en la paladar

4. en el cruce ferroviario *(railroad crossing)*

5. en Santa Clara, donde Gina compra el vestido

6. en el cementerio de La Habana

Análisis y contraste cultural

Vocabulario

El viaje

bajarse	*to get out (of a vehicle)*
el camino (en camino)	*road (on the way)*
la carretera	*highway*
la correa (del ventilador)	*(fan) belt*
de repuesto	*spare*
montarse	*to get in or on (a vehicle)*
la ruta	*route*
el Volga	*Russian-made car*

Otras palabras

acabar con	*to put an end to*
cargar con	*to take care of, take responsibility for*
darle la gana	*to feel like*
el fula (*diminutive*: fulita)	*(colloquial) dollar*
el/la guajiro(a)	*country person*
el/la guantanamero(a)	*person from Guantánamo*
hacer caso	*to pay attention*
la juventud	*youth*
el marido	*husband*
nacer (el nacimiento)	*to be born (birth)*
la orientación	*guidance*
ser capaz de	*to be capable of*
tener que ver (con)	*to have to do (with)*

A. Cosas que pasan. Complete las oraciones con la forma apropiada de palabras de la lista «Otras palabras». ¡Ojo! Hay con conjugar algunos verbos.

1. Yoyita es _____, pero hace cincuenta años que vive en La Habana.

2. En la película mueren dos viejos y _____ una niña.

3. La esposa de Ramón va a _____ con él cuando sea viejo.

4. Según Adolfo, no se puede permitir que la gente haga lo que le dé la _____.

5. Gina le dice a Cándido que no le haga mucho _____ a Adolfo.

6. Cándido se enoja y no quiere tener nada que _____ con Adolfo.

7. Cándido espera que Gina sea _____ de dejar a su _____.

8. Gina decide hacer el programa de radio de _____ de la _____.

9. Según un mito *(myth)* yoruba, Ikú _____ con la inmortalidad.

B. En camino. Complete el párrafo con la forma apropiada de las palabras de las listas. ¡Ojo! Hay que conjugar algunos verbos.

Adolfo, Gina y Cándido van en el (1) _____ de Tony. Con frecuencia se encuentran

con Mariano y Ramón, que siguen la misma (2) _____. En una de estas ocasiones,

se rompe la (3) _____ del ventilador del carro fúnebre y Ramón le regala a Cándido

una correa de (4) _____. Por el (5) _____ los rastreros visitan a sus

amigas y recogen pasajeros *(passengers)* que se (6) _____ y se (7) _____

continuamente. En los restaurantes y bares donde se paga con pesos no hay casi nada que

comprar y en los otros restaurantes sólo aceptan (8) _____. Tony tiene unos

dólares y le compra unos plátanos a un (9) _____ que los vende al lado

de la (10) _____.

Notas culturales

En años recientes se han hecho algunas reformas económicas en Cuba, como la legalización de las paladares y de otros negocios privados. Como consecuencia de la legalización del dólar hay dos economías en Cuba. Las personas que tienen acceso a dólares (mandados por familiares exiliados en Miami o conseguidos por servicios a los turistas) viven mucho mejor que las demás.

Yamilé, la mujer que está de parto, le pide ayuda a Santa Bárbara, identificada en la santería (una religión afrocubana) con Changó, el dios de los truenos *(thunder)*.

Temas de conversación o composición

Discuta con sus compañeros los temas que siguen.[*]

1. la crítica política y social (¿Cuál es el estado de la economía y la infraestructura [los edificios, los servicios de transporte, de electricidad, etcétera] del país? ¿Por qué hay que hacer actividades clandestinas para sobrevivir? ¿Es flexible o rígida la ideología del gobierno? ¿Qué referencias se hacen a la gente que se va del país? ¿Se hace la crítica de manera explícita o implícita? ¿Por qué cree usted que es así?)

2. el guía turístico de Bayamo (¿Qué tiene que ver la historia de Bayamo con la situación de Cuba en 1995?)

    «Durante los siglos XVI, XVII y XVIII fue Bayamo el más importante centro de contrabando de la isla, con lo que burlaba las restricciones y el férreo monopolio comercial de la Corona española que frenaba la vida económica.»

3. el humor y la ironía (¿Cómo se usan el humor y la ironía para hacer la crítica política y social? Dé algunos ejemplos. ¿Le parece este recurso más o menos eficaz que un enfoque serio? Explique.)

4. el humor negro (¿Cómo se combinan los elementos morbosos y cómicos en la película? Dé algunos ejemplos. ¿Le gusta, o no, este tipo de humor?)

5. los elementos simbólicos (¿Qué representa la niña que aparece de manera intermitente a lo largo de la película? ¿la flor violeta que ella le da a Cándido? ¿la lluvia? ¿la flor roja que toma Gina de la mesa donde se hacen las coronas (wreaths) fúnebres? ¿La niña que nace?

6. la adaptabilidad de la gente cubana (¿Cómo se adapta la gente a condiciones muy adversas?)

7. la road movie (¿Qué acontecimientos y temas típicos de los filmes de este género hay en la película? ¿Le recuerda alguna película de habla inglesa que haya visto?)

8. el «mensaje» de la película (¿Qué quieren decirnos los directores con respecto a los sueños frustrados (unfulfilled)? ¿a la vida y la muerte? ¿al socialismo en Cuba?)

9. la historia de Ikú (¿Qué tiene en común con la historia judeo-cristiana del Jardín del Edén? ¿del Arca de Noé? ¿Qué tiene que ver la historia de Ikú con el «mensaje» de la película?)

---

[*] Your instructor may ask you to report back to the class or write a paragraph about one of the topics.

Una escena memorable

¿Cómo es Adolfo? ¿Cuál es su plan para recuperar (*regain*) el favor de sus jefes? ¿Qué le pasa al final de la película?

Hablan los personajes

Analice las siguientes citas, explique de quién son y póngalas en contexto. (Para una lista de los personajes, ver el Ejercicio B en la sección «Antes de ver la película».)

1. «Ay, te queda precioso. Te lo voy a regalar.»

2. «Decídete por una, compadre. Te casas con ella, la llevas para La Habana....»

3. «Daba unas clases... Además, decía cosas que lo ponían a pensar a uno. Bastantes líos se buscó con eso.»

4. «Mira ...tú sabes lo que esto puede significar para mí... para nosotros. Tú sabes lo importantes que son en este país los golpes de efecto (*dramatic effects*)... las cifras (*statistics*).»

5. «Cincuenta años posponiendo un viaje a La Habana.»

6. «Soy yo el que tiene una pena (*sorrow*) muy grande... muy grande al ver cómo tú desperdicias (*waste*) tu vida al lado de ese hombre.»

7. «Hermano, me hace falta que me haga un favor. Es que vengo del oriente (este) y tengo el maletero (*trunk*) del carro repleto (lleno) de cosas.»

8. «Niurka no se fue ni por las amistades (amigos), ni por las canciones ni por lo que leía. Se fue porque todo eso lo tenía que hacer a escondidas (en secreto) y estaba hasta aquí ya.»

9. «Sí, tú tienes razón. ¿Quién soy yo para orientar a nadie? Si yo alguna vez hago el programa ése, el que yo quiero, no es para decirle a nadie lo que tiene que pensar.»

10. «Ah, y el vestido... no me lo voy a cambiar.»

Hablando de la cultura...

¿En qué se parecen las prácticas funerarias de su país a las cubanas? ¿En qué se diferencian?

Hablan los críticos y los directores

"...Alea's last film, *Guantanamera*, is ... a comedy that confronts unyielding ideology and a body that seems like it won't ever get buried. ... Each of the major characters is haunted by unfulfilled dreams, which mirror the larger dream of Marxist Cuba."

http://www.angelfire.com/ri/newlaff/tomas.html

¿Qué representa el cadáver que parece que no van a enterrar nunca? ¿Cuáles son los sueños frustrados de los protagonistas? ¿Cree que representan el sueño frustrado del marxismo cubano?

Según Fernando Méndez Leite, «*Guantanamera* divierte y hace pensar, expresa la alegría de un pueblo que nunca la pierde, aunque pase por coyunturas (situaciones) difíciles, por momentos inevitablemente tristes. *Guantanamera* es una película esperanzada *(hopeful)* sobre la decepción *(disappointment),* una extraña combinación, sin duda, dialéctica.»

—*Guía del ocio,* Madrid, 1995,
http://clubcultura.com/clubcine/clubcineastas/titon/guanta/guanta4.htm

¿Ofrece la película alguna esperanza para el futuro de los protagonistas? ¿para el futuro de Cuba?

Edwin Jahiel escribe que "Alea is sending his viewers, especially the Cubans, a message about the necessity to clean house. This is colorfully, deviously, subtly recounted as the legend of Olofin, the God who created life but forgot to create death. ... All this is far more poetic than the American 'Time for a change,' or 'We need new blood.'"

www.prairienet.org/ejahiel/guantana.htm

¿Cuál es la leyenda de Olofin e Ikú? ¿Cree usted que los cineastas proponen una reforma del partido comunista o una ruptura *(break)* total con el pasado? Explique.

CAPÍTULO 14

Nueba Yol

Presentación de la película: Durante muchos años Orodote Balbuena, viudo dominicano, sueña con ir a «Nueba Yol» (Nueva York). Su amigo Fellito le dice que «llegar a Nueba Yol es como llegar a la gloria *(glory, heaven)*» y promete conseguirle una visa. Por fin, el sueño del inocente y simpático Balbuena va a convertirse en realidad…

Nueba Yol (1996), película ganadora del Chicago Latino Film Festival, fue la primera de las dos películas de Ángel Muñiz basadas en un programa de televisión muy popular en República Dominicana. La segunda se llama *Nueba Yol 3* en broma porque, según Muñiz, una segunda película sobre el mismo tema nunca es tan buena como la primera. *Luisito Martí interpreta el papel de Balbuena, un personaje que él mismo creó y que también interpretó en el programa de televisión. Con su boina *(beret),* su peine, su camisa roja y su «bluyín», es un personaje que todos los dominicanos conocen. Martí empezó como artista y músico en el «Combo Show» de Johnny Ventura y en el grupo de merengue «El sonido original». El humorista ha producido y protagonizado varios programas de televisión, entre ellos «De remate», que salía diariamente, y «El Show de Luisito y Anthony», un programa semanal. En República Dominicana se llama «balbuena» a la persona que quiere irse a Estados Unidos.

*Ángel Muñiz, el guionista y director de la película, tuvo un éxito instantáneo en su país natal con *Nueba Yol* y *Nueba Yol 3*. En *Nueba Yol 3*, hay una escena cómica en la que Balbuena castiga a alguien que vende casetes ilegales, una broma basada en el hecho de que se producían y se vendían muchos casetes ilegales de *Nueba Yol*.

Preparación

Vocabulario preliminar

Note:
In the Dominican Republic, as in Cuba, the **s** sound sometimes goes unpronounced, so that **Buenos días** may sound like **Bueno' día'** or **¿Cómo estás?** may sound like **¿Cómo está'?** Similarly, the **d** sound may not be heard: **usted** may sound like **uste'** (or **u'te'**) or **nada** like **na'a**. Other sounds may be dropped as well; for instance, **echar para adelante** can sound something like **echá' p'alante**.

Cognados

el chef	tranquilo(a)	la visa
el crac	el/la turista	

El dinero

el billete (de a cinco)	*(five-dollar) bill*
los chavos	*(colloquial, Dom. Rep.) pesos or dollars*
los cuartos	*(colloquial, Dom. Rep.) money, dough*
hipotecar	*to mortgage*
la lana	*(colloquial, Mexico) money, dough*
prestar	*to loan*

Otras palabras

agradecido(a)	*grateful, appreciative*
arreglar	*to fix, fix up*
arreglar los papeles	*to get one's paperwork in order (e.g., for citizenship)*
el barrio	*neighborhood*
la basura	*garbage*
caer preso(a)	*(literally, fall prisoner) to end up in jail*
conseguir	*to get, obtain*
las costumbres	*manners; habits*
echar para adelante (p'alante)	*(colloquial) to go forward, keep going*
fijo(a)	*fixed, permanent (e.g., work)*
la gloria	*glory, heaven*

Otras palabras (continuación)

el inodoro	*toilet*
lavar	*to wash*
limpiar	*to clean*
limpio(a)	*clean*
la nieve	*snow*
el piso	*floor*
recuperar (recuperarse)	*to get back, regain (to get better, recuperate)*
salir adelante	*to go forward, progress*
el seguro	*insurance*
el sueño	*dream*
trabajador(a)	*hard-working*
el/la viudo(a)	*widower (widow)*

A. Los inmigrantes a Nueva York. Complete las oraciones con la forma apropiada de una expresión de la lista «Otras palabras».

1. Para mucha gente, irse para Nueva York es un _____.

2. Para poder viajar a Estados Unidos, hay que _____ una visa.

3. Después de llegar, hay que buscar una casa o un apartamento; desafortunadamente *(unfortunately),* muchos inmigrantes tienen que vivir en los _____ más pobres de la ciudad.

4. Después, hay que buscar trabajo _____.

5. Para muchas personas de países sureños el frío y la _____ del invierno son muy desagradables.

6. Hay gente que acepta cualquier trabajo; por ejemplo, _____ pisos o_____.

7. Es difícil para los inmigrantes enseñarles a sus hijos las _____ de sus países natales.

8. A veces sus hijos les compran crac a los narcotraficantes *(drug dealers)* y

   caen _____ en la cárcel *(jail)*.

9. Si se compra un carro hay que comprar _____ por si acaso hay un accidente.

10. Para salir _____ en este país, hay que perseverar a pesar de los problemas.

11. Afortunadamente, muchos inmigrantes son muy _____ y hacen un gran

    esfuerzo para «echar para adelante».

12. Para hacerse *(become)* ciudadano, hay que _____.

13. Debemos ser _____ del trabajo que hacen los inmigrantes, porque muchas

    veces son trabajos que los ciudadanos no quieren hacer, como recoger la _____

    de la calle o trabajar en el campo.

B. ¡Es lógico! Escoja la respuesta más lógica.

1. ¿Está casado Julio?
   a. No, está sin chavos.
   b. Sí, está en la gloria aquí, muy contento.
   c. No, es viudo.

2. ¿Qué pasa en este restaurante? ¿Por qué no nos sirven?
   a. Es que todo está demasiado limpio hoy.
   b. Es que el chef no ha llegado.
   c. Es que hay mucha gente trabajando aquí lavando platos.

3. Le presté cinco mil pesos a Ramón.
   a. ¿A ese irresponsable? Estás loco.
   b. No tenemos billetes, sólo monedas.
   c. Tranquilo, tranquilo. Algún día te pago.

4. Se encontró sin cuartos y tuvo que hipotecar la casa.

    a. Tenía mucha lana, ¿verdad?

    b. ¿Y ahora anda de turista?

    c. ¡Qué lástima! Ojalá la recupere algún día.

Antes de ver la película

A. Nueva York, la «gran manzana»

1. ¿Ha estado usted en la ciudad de Nueva York? Si es así, ¿qué piensa del estilo de vida allí? ¿del clima?

2. ¿Por qué cosas (edificios, monumentos, etc.) es famosa esa ciudad?

3. De los ocho millones de habitantes de Nueva York, más de dos millones son hispanos (el 27 por ciento de la población total de la ciudad). De ellos, los puertorriqueños son el grupo minoritario más grande (son ciudadanos de Estados Unidos y no necesitan visa para entrar en el país). Pero hay una gran comunidad dominicana también. ¿Puede nombrar a algún dominicano famoso?

4. ¿Es la ciudad (o pueblo) donde usted vive similar a Nueva York? ¿En qué se parecen y en qué se diferencian?

5. ¿Qué problemas hay en las grandes ciudades del mundo hoy en día?

B. Los personajes. Lea las descripciones y los nombres de los personajes. Después de ver la película, empareje cada personaje con su descripción.

   ____ 1. un hombre muy inocente que va a Nueva York   a. Pedro

   ____ 2. una dominicana que se enamora de Balbuena   b. Flaco

   ____ 3. el primo de Balbuena   c. Fellito

   ____ 4. la esposa del primo de Balbuena   d. Balbuena

   ____ 5. la hija mayor de Pedro y Matilde   e. Matilde

   ____ 6. un narcotraficante *(drug dealer)* dominicano   f. Xiomara

   ____ 7. el dueño de un restaurante mexicano   g. Pancho

   ____ 8. el amigo que le consigue una visa a Balbuena   h. Nancy

Note:
Your instructor may ask you to read over the questions in the section **Exploración** before you see the film, in order to improve your understanding of it.

Investigación

Busque información sobre uno de los temas que siguen.[*]

1. la comunidad dominicana de Washington Heights, Nueva York

2. la comunidad hispana de la ciudad de Nueva York en general

3. la economía de República Dominicana

4. los hispanos de Estados Unidos según la Oficina del Censo, 2000 (desde 2001, los hispanos son el grupo minoritario más grande del país)

Exploración

A. Ventajas y desventajas. ¿Cuáles son las mayores ventajas y desventajas de la vida de Balbuena en República Dominicana?

Ventajas: Desventajas:

_____   _____
_____   _____
_____   _____

¿Y en Nueva York?

Ventajas: Desventajas:

_____   _____
_____   _____
_____   _____

B. La historia

1. ¿Por qué va Balbuena al cementerio? ¿Con quién habla allí?

2. ¿Qué hace su amigo Fellito allí? ¿Dónde estaba viviendo el niño que se murió?

3. ¿Por qué llega Fellito a la casa de Balbuena? ¿Qué le sugiere? ¿Cómo se puede conseguir el dinero?

4. ¿Qué pasa en la casa del «cónsul»? ¿Qué consigue Balbuena allí?

---

[*] The **Investigación** sections suggest topics related to the movie that you may want to find out more about. Your instructor may assign these to individuals or groups and have them report the information to the class.

5. ¿A quién llama Balbuena para darle las buenas noticias? ¿Cuál es la reacción de la esposa de esta persona?

6. ¿Qué lleva Balbuena en la maleta? ¿Tiene miedo de viajar en avión?

7. ¿Qué pasa cuando Felli y Balbuena llegan a la aduana *(customs)* en Nueva York?

8. ¿A quién ve Felli en el aeropuerto? ¿Cómo es ese amigo?

9. ¿Quién atropella a *(runs over)* Balbuena en el aeropuerto en un accidente automovilístico? ¿Dónde lo visita ella? ¿Tiene seguro ella?

10. ¿Cómo es el apartamento de Pedro y su familia? ¿Dónde va a dormir Balbuena?

11. ¿Están contentos los hijos de Pedro de tener a Balbuena en casa? ¿Se portan *(Do they behave)* bien con él?

12. ¿Por qué llama Balbuena a Nancy? ¿Adónde lo invita ella?

13. ¿Qué hace Balbuena cuando ve la nieve?

14. ¿Qué clase de trabajo fijo consigue Balbuena? Cuando Balbuena llega a la casa para darle a Pedro las buenas noticias, ¿qué le dice Pedro?

15. ¿Dónde consigue Balbuena un cuarto? ¿Cómo es la dueña? ¿De dónde es y qué problemas ha tenido?

16. ¿Qué problema tiene Pancho con el restaurante? ¿Cómo lo ayuda Balbuena?

17. ¿A quién ve Balbuena pidiendo dinero en el parque?

18. ¿Quién compra el restaurante? ¿Por qué está enojado con Fellito?

19. ¿Quién trata de robarle a Balbuena? ¿Por qué?

20. ¿Cómo termina la película?

Análisis y contraste cultural

Vocabulario

Mano a mano

conocer como la palma de la mano	*to know like the back of one's hand*
dar/echar una mano a alguien	*to help someone out, give someone a hand (also, in Dom.Rep.,* meter la mano*)*
¡Manos a la obra!	*Let's get to work!*
mano(a)	*short for* hermano(a), *used for a close friend*

Mano a mano (continuación)

meter mano	*to get going, get active*
(no) poner una mano encima	*to (not) lay a finger on*

Otras palabras

bendito(a)	*blessed, often used ironically instead of* maldito(a)**,** *damned*
botar	*to throw out*
el cariño	*affection*
caer del cielo	*(literally, to fall from heaven) to come out of the blue*
la cocina	*kitchen*
cocinar	*to cook*
el compadre (la comadre)	*close friend, often a godparent of one's child*
el cuarto	*room*
defraudar	*to cheat; to disappoint, let (someone) down*
enamorarse	*to fall in love*
la habitación	*room*
hacer caso	*to pay attention*
el letrero	*sign*
la migra	*(colloquial) U.S. immigration*
la nevera	*refrigerator*
preocuparse	*to worry*
el/la ratero(a)	*thief*
realizar	*to realize, make (something) come true*
respetar	*to respect, treat with respect*
robar	*to rob, steal*
el/la socio(a)	*partner; member*
tener la culpa	*to be at fault*

Expresiones regionales*

la bodega	*(in most places, storeroom or wine cellar) small grocery store*
chévere, cheverón (cheverona)	*great, fantastic, super*
mi pana	*my friend (from* panal, *honeycomb)*
relajar	*to joke around*
la vaina	*thing, situation, mess (literally, husk; somewhat vulgar)*
viejo(a)	*(literally, "old one") term of affection used for a parent; in many places this term can refer to a spouse*

---

* These terms are not used exclusively in the Dominican Republic—some are heard elsewhere as well.

A. En resumen. Complete las oraciones con palabras de las listas.

bendita	del cielo	nevera
bota	hace caso	realizar
culpa	letreros	respeten
defraudar		

1. Según Fellito, hay tantos pesos rodando por las calles de Nueba Yol que la

   gente ni _____.

2. «Confía en mí y nunca te voy a _____», dice Balbuena a Natalia en el

   cementerio.

3. Al principio, Balbuena piensa que va a _____ sus sueños en Nueba Yol.

4. Pedro le da un plano *(map)* a Balbuena y todas las indicaciones para abrir

   la «_____» puerta.

5. Como Balbuena no puede leer los _____, se pierde y llama a Nancy para que

   lo ayude.

6. En casa de Nancy, Balbuena saca un pollo de la _____ y todo lo que encuentra

   en el gabinete, y prepara «pollo al gabinete».

7. Nancy _____ la foto de su compañero y la botella de vino a la basura.

8. Nancy se enamora de Balbuena y le cuenta a su amiga que Balbuena le

   cayó _____, como un ángel.

9. Cuando sus hijos se portan mal, Pedro dice que Matilde y él tienen la _____.

10. Pedro quiere que sus hijos lo _____.

cariño   compadre   preocupar

cocina   habitación   ratero

cocinar   migra   socio

11. Balbuena le da mucho _____ a los hijos de Pedro y Matilde.

12. Pancho le da trabajo a Balbuena aunque dice que hay muchos problemas

con la _____.

13. Balbuena ofrece esconderse *(to hide)* en la _____ del restaurante y no salir

hasta la noche si hay problemas con inmigración.

14. El chef le enseña a Balbuena a _____.

15. Cuando Balbuena le presta dinero a Pancho para ayudarlo con el restaurante, Pancho sólo

acepta a condición de que Balbuena sea su _____ .

16. Pancho y Balbuena se dicen «_____» el uno al otro porque son muy buenos

amigos.

17. Balbuena tiene una _____ en casa de una mujer cubana.

18. Flaco le dice a Balbuena que no se debe _____, que no le guarda rencor *(hold*

a grudge) a Fellito; al contrario, quiere que se cure.

19. La cubana mata al _____ que trata de robarle el dinero a Balbuena.

B. ¡Manos a la obra! Empareje cada frase a la izquierda con una frase a la derecha que la termine.

___ 1. Fellito dice que conoce Nueba Yol…

___ 2. Flaco le pregunta a Felli si cree que Balbuena…

___ 3. Matilde lamenta que en Nueva York, cuando los jóvenes no se portan bien, uno no puede…

___ 4. Para animar a alguien a trabajar, se dice…

___ 5. Fellito recuerda que cuando Flaco llegó a Nueva York, él…

___ 6. Para pedir ayuda a un amigo se puede decir…

a. le dio una mano

b. como la palma de la mano

c. ¡Manos a la obra!

d. ponerles una mano encima

e. Oye, mano, ¿me ayudas?

f. mete mano en el negocio (de vender drogas)

C. ¿Y en República Dominicana? Para cada palabra subrayada, dé una palabra que se podría oír en República Dominicana. (Consulte la sección «Expresiones regionales».)

>*Modelo:*
>No estoy bromeando. Hablo en serio.
>**No estoy relajando. Hablo en serio.**

1. Voy al mercado a comprar leche.

2. ¿Qué tal?, mi amigo, ¿cómo estás?

3. Mueve esa cosa de allí.

4. Mi mamá nunca me deja solo en casa.

5. Dicen que Sammy Sosa es un tipo buenísimo.

Notas culturales

En la película, se ve que Balbuena tiene valores religiosos. Visita mucho el cementerio y cuida bien la tumba de Natalia. Cuando hace el viaje a Nueva York, se persigna *(he crosses himself)* antes de que el avión despegue. Le regala a Nancy una medallita de la Virgen de Altagracia, santa patrona de República Dominicana. Y al final, se casa por la iglesia.

La población hispana de Estados Unidos aumentó el 58 por ciento entre 1990 y 2000. De los 35 millones de hispanos que viven en este país legalmente, el 2.2 por ciento es de ascendencia dominicana. (El 58.5 por ciento es de ascendencia mexicana, así que Pancho y el chef pertenecen a la mayoría de los hispanos, si no en Nueva York, en el país en general.)

Temas de conversación o composición

Discuta con sus compañeros los temas que siguen.[*]

1. el personaje de Balbuena (¿Cómo es? ¿Es honesto? ¿trabajador? ¿honrado? ¿Trata de ayudar a otra gente? ¿De qué manera?)

2. la familia latina (¿Qué pasa cuando Matilde dice que no quiere que Balbuena se quede con ellos? ¿Qué le dice Pedro? Según Pedro, Balbuena tiene mucho que ofrecerles a sus hijos, pero parece que al principio no valoran lo que tiene que ofrecer. ¿Por qué? ¿Cómo cambian después?)

3. la educación de los niños (¿Cómo explica Pedro el hecho de que él y Matilde no pueden pasar mucho tiempo con sus hijos? ¿Dónde pasan el día los adultos? ¿Los niños? ¿Qué le cuentan Pedro y Matilde a Balbuena sobre la disciplina de los niños en Estados Unidos? ¿Qué no puede creer Balbuena? ¿Por qué habla Pedro tanto de «respeto»? ¿En qué tipo de barrio viven muchos inmigrantes? ¿Por qué tendrán miedo de perder el control de sus hijos?)

4. el problema de las drogas y de los narcotraficantes (¿Qué pasa enfrente del edificio de apartamentos de Pedro y Matilde? Según Pedro, uno de los misterios más grandes de Nueva York es que los policías ponen a los narcotraficantes en la cárcel pero «la justicia los suelta» *(the justice system lets them out)*. ¿Qué problemas le causan los narcotraficantes a la gente del barrio? ¿Qué le pasa a Fellito? ¿Por qué lo quiere matar el Flaco? ¿Adónde lo lleva Balbuena para recuperarse?)

5. el problema del trabajo (¿Por qué Balbuena no puede conseguir trabajo al principio? ¿Qué cosas le faltan? ¿Cómo se aprovecha de él el dominicano que tiene la «bodega»? ¿Por qué es irónico que le diga que lo está tratando de ayudar? ¿Por qué le da trabajo Pancho? ¿Cómo lo trata Pancho?)

---

[*] Your instructor may ask you to report back to the class or write a paragraph about one of the topics.

6. la vivienda (¿Por qué dice Pedro que en Nueva York, de noche, «todas las salas se convierten en dormitorios *(bedrooms)*»? ¿Por qué hay tantas cerraduras *(locks)* en las puertas? Cuando Matilde dice que viven «como sardinas en lata *(in a can)*», Pedro dice que era peor cuando vinieron, cuando su tío los ayudaba. ¿Qué imagen nos da de la gente recién llegada?)

7. los problemas en República Dominicana (¿Por qué dice Balbuena que en ese país «si se quiere un huevo hay que ponerlo»? ¿Qué problemas tiene allí? ¿Por qué Pedro y su familia no regresan a Santo Domingo?)

8. el dinero (Hay muchas palabras para hablar de dinero en la película. ¿En qué escenas se habla del dinero? ¿Es importante el tema del dinero? ¿Qué personajes tienen mucho dinero? ¿Qué personajes no valoran el dinero?)

Una escena memorable

¿Quiénes son estos personajes? ¿Por qué están en Nueva York? ¿Por qué deciden volver a República Domincana?

Hablan los personajes

Analice las siguientes citas, explique de quién son y póngalas en contexto. (Para una lista de los personajes, ver el ejercicio B en la sección «Antes de ver la película».)

1. «Dando una residencia a ese muchacho le estaba dando una visa para el cementerio.»

2. «Los billetes de a cinco y de a uno están volando por la calle y la gente no hace ni caso.»

3. «Nosotros tenemos que ser agradecidos. La gente debe ser agradecida…. Porque no es posible que una gente cambie simplemente porque se monte en un avión.»

4. «Yo hago lo que sea, yo lavo platos, te limpio pisos, limpio inodoros….»

5. «Bueno, yo espero que no pierda ese buen humor porque aquí en Nueba Yol se pasan muy malos ratos.»

6. «El que inventó esto no ha visto un plátano ni de lejos.»

7. «Sí, claro, pero primero tienes que conseguir trabajo.»

8. «Es el problema de los muchachos aquí, que no saben bien el español y las cosas les salen directas, no como ellos sienten realmente.»

9. «Tú no sabes lo que es cariño… En esta casa lo primero que tiene que haber es el amor.»

10. «Nueba Yol es una gran ciudad llena de oportunidades. Si tú luchas fuerte y trabajas, vas a lograr lo que quieres.»

11. «Yo he decidido recuperarme… No me hagas daño. Dame un chance.»

12. «Los sueños no se realizan cuando uno llega aquí; los sueños se realizan cuando uno regresa a la patria. Se puede llegar triunfante con dinero y sin dinero.»

13. «Fellito tenía razón: llegar a Nueba Yol es como llegar a la gloria. Allí todo el mundo es rico; en Nueva Yol los cuartos están rodando por la calle, pero eso era el Nueba Yol de mi fantasía… porque New York es otro.»

Hablando de la cultura...

Cuando Balbuena por fin consigue trabajo, compra hamburguesas para la familia y entra alegremente en el cuarto de las muchachas, contento de poder darles algo. Pero hay una explosión emocional. Matilde dice que su hija tiene derecho a la «privacidad». Para Balbuena, ¿existe el concepto de «privacidad»? ¿Qué dice Pedro acerca de este concepto? ¿Qué contraste cultural muestra esta escena?

Hablan los críticos y los directores

«*Nueba Yol* no debe su éxito comercial a la mano de Ángel Muñiz solamente, ni al talento cómico de Luisito Martí únicamente, ni siquiera a la feliz combinación de ambos talentos, sino más bien a Balbuena. Balbuena es el cebo *(lure)*, Balbuena es el imán *(magnet)*, Balbuena es el formidable hipnotizador de multitudes. Porque en [República] Dominicana, el que más o el que menos *(everyone)* es o quiere ser un Balbuena. La inmensa mayoría vive soñando con vivir en Nueva York, con triunfar en Nueva York, con amar en Nueva York, y Balbuena significó la visible concreción de esos deseos insatisfechos de años y años en millones de seres humanos.»

—Armando Almánzar, «El cine dominicano… una ilusión», *El siglo*,
http://www.elsiglo.net/dominical/1f/2.htm

¿Está usted de acuerdo en que *Nueba Yol* tiene básicamente un solo «imán»? ¿Cree que los otros personajes también ayudan a desarrollar los temas de la película?

"The movie, which was produced, written and directed by Angel Muñiz, is a crude but engaging combination of humorous star vehicle, social-realist commentary and light-hearted farce. For more than a decade, Balbuena has been one of the most popular characters on Dominican television . . .. Unlike his Pollyannaish counterparts on American television who would be ridiculed as naive chumps, Balbuena is someone whose genuine friendliness and trust in others are huge assets."

— "Nueba Yol," *New York Times,* February 14, 1996.

¿Cómo sería un personaje como Balbuena en una película de Hollywood o en un programa de televisión, aquí? ¿Sería un «chump»?

«Todos llevamos un Balbuena por dentro.»

—anuncio para el video.

¿Está usted de acuerdo? Explique.

"Warm and funny, *Nueba Yol* is also honest and real, recalling the best cinema can be: full of life in all its joyfulness and sorrow. Like Renoir or Ozu, director Muñiz lets the camera quietly eavesdrop on people too genuine to be giving performances, a rarity these days when too much of world cinema looks to emulate the latest from a Hollywood grown out of touch."

– "Nueba Yol",
http://www.recentmovie.com/h/n28.html

¿Qué piensa usted: parecen «genuinos» los personajes? ¿Por qué sí o por qué no?

"In its disarming way, drawing upon sitcom humor as well as soap opera melodrama, *Nueba Yol* is a potent work of popular entertainment. Yet it can move swiftly from the sentimental to the very real pain Pedro expresses when he explodes at the lack of respect on the part of his eldest daughter. Pedro realizes all too well that all the struggling he and his wife have done to give their children a better life has exacted its toll in precious time needed to be as good a parent as he would like to be. Muñiz ends with an epilogue that he surely intends for us to decide whether it is fantasy or reality (sic). Intentionally or not, it's an effectively ironic way to bring to a close a bittersweet Candide-like fable."

—Kevin Thomas, *New York Times*, October 18, 1996.

¿Qué piensa usted del final de la película? ¿Es Balbuena como Cándido, el héroe de Voltaire?

CAPÍTULO 15

Belle Époque

Presentación de la película: Fernando, un joven que acaba de desertar del ejército, es acogido *(taken in)* por don Manolo, un viejo pintor que vive aislado de la dura realidad de España y que le ofrece su casa, su ayuda y su amistad. La llegada de las cuatro hijas del artista hará que el joven desertor se embarque en una aventura en la que enamora a una hermana tras otra…

*La película ocurre en algún lugar del campo español durante el invierno de 1931, en vísperas *(on the eve)* de la proclamación de la República, una época de liberación social y sexual en la, hasta entonces, oprimida y reprimida España. Su director, Fernando Trueba, fantasea sobre un momento maravilloso, una «bella época» que hubiera podido ser *(could have been)*. (En Francia «Belle époque» se refiere a la época antes de la Primera Guerra Mundial, una era de progreso social y cultural pero también de gran turbulencia política.)

*Fernando Trueba nació en Madrid en 1955. Estudió en la Facultad de Ciencias de la Información de la Universidad de Madrid. Fue crítico cinematográfico del diario *El País* y fundador de la revista de cine *Casablanca*. Debutó como director con *Ópera prima* (1980), uno de los pilares de la llamada «comedia madrileña», y más tarde tuvo mucho éxito con *Sé infiel y no mires con quién* (1985) y *El año de las luces* (1986). Consiguió el Óscar a la mejor película en lengua extranjera con *Belle Epoque* en 1993. Ha realizado también la película *Two Much* (1995) en Estados Unidos, con actores norteamericanos.

*Fernando Fernán Gómez –don Manolo en *Belle Epoque*–debutó como actor de cine en 1943; ha actuado en más de 150 películas, algunas de gran popularidad como, por ejemplo, *El Espíritu de la Colmena* (Víctor Erice, 1973) y *La mitad del cielo* (Manuel Gutiérrez Aragón, 1986).

*Penélope Cruz—Luz en la película—estudió ballet y arte dramático desde muy joven. En 1992 se dio a conocer en *Belle Epoque* y en *Jamón, jamón* (Bigas Luna). Desde entonces ha protagonizado películas en España, Italia y en Estados Unidos (*Blow* y *All the Pretty Horses*).

*Jorge Sanz–Fernando en la película–actor desde los diez años, interpretó a varios protagonistas niños o adolescentes en *Valentina* (Antonio Betancor, 1982), *El año de las luces* (Trueba, 1986) y *Conan the Barbarian* (John Milius, 1982). Alcanzó su madurez en *Amantes* (Vicente Aranda,1992).

Preparación

Vocabulario preliminar

Note:
In Spain the plural **tú** form is **vosotros(as)**. The **vosotros** command form ends in -**ad**, -**ed**, or -**id** in the affirmative and in -**áis** or -**éis** in the negative. Also, note that **marido y mujer** is more commonly used in Spain than **esposo y esposa**.

Cognados

la Biblia	el/la esposo(a)
el carnaval	la república
el/la desertor(a)	el suicidio
el divorcio	

La familia

el/la cuñado(a)	*brother-in-law (sister-in-law)*
el/la hermano(a)	*brother (sister)*
el/la hijo(a)	*son (daughter)* (pl. *children*)
la madre	*mother*
el marido	*husband*
la mujer	*wife*
la novia	*bride*
el novio	*groom*

La familia (continuación)

el padre	*father*
el/la suegro(a)	*father-in-law (mother-in-law)*
el/la viudo(a)	*widower (widow)*
el yerno	*son-in-law*

Otras palabras

la boda	*wedding*
el disfraz	*costume*
la maleta	*suitcase*
la risa	*laughter*
la rondalla	*group of serenaders*

Expresiones

casarse con	*to get married to*
desertar del ejército	*to desert from the army*
enamorarse de	*to fall in love with*
perder (ie) el tren	*to miss the train*

A. Relaciones familiares. Conteste las siguientes preguntas.

1. ¿Cómo se llama al hombre y a la mujer antes de la boda? ¿después de la boda?

2. ¿De qué otra manera se llaman las personas que forman parte de un matrimonio?

3. ¿Qué es el padre de la esposa en relación al esposo?

4. ¿Qué es el esposo en relación al padre de su mujer?

5. ¿Qué es el hermano del esposo en relación a la esposa?

6. ¿En qué se convierte una mujer casada cuando se muere su marido?

7. ¿Quiénes son los descendientes de un matrimonio?

B. ¡Claro que lo sabe!   Escoja la respuesta más apropiada.

1. Un país gobernado por un presidente es…

    a. una monarquía.

    b. una república.

    c. una presidencia.

2. Una persona que escapa del ejército es…

    a. un veterano.

    b. un republicano.

    c. un desertor.

3. Una persona se pone un disfraz para ir a…

    a. un concierto de música clásica.

    b. un carnaval.

    c. un cementerio.

4. Una persona que llega tarde a la estación…

    a. pierde el tren.

    b. toma el tren a tiempo.

    c. pierde la maleta.

5. Un protestante generalmente lee…

    a. la Biblia.

    b. una autobiografía de Jesús.

    c. el Corán.

6. Tradicionalmente los jóvenes que se enamoran…

    a. se casan.

    b. se compran un coche.

    c. se van de viaje.

7. Lo mejor para un matrimonio que no es feliz es…

   a. tener muchos hijos.

   b. el suicidio.

   c. el divorcio.

8. Un grupo de personas que cantan y tocan la guitarra forman…

   a. una risa.

   b. una rondalla.

   c. un disfraz.

Antes de ver la película

A. Relaciones y roles familiares

1. En la vida real, ¿cuáles son los roles tradicionales de los diferentes miembros de una familia? ¿Qué tipo de relaciones suele haber *(are customary)* entre padre e hijas? ¿madre e hijas? ¿esposos?

2. ¿Conoce usted alguna familia en la que las relaciones y roles típicos han cambiado? ¿Por qué son diferentes? ¿Los acepta la sociedad?

B. Los personajes.
Mire las siguientes listas. Después de ver la película, diga con qué personaje o personajes se asocia cada cosa y explique por qué.

____ 1. muchas risas y mucha alegría

____ 2. una Biblia dentro de una maleta

____ 3. la canción «Las mañanitas»

____ 4. el disfraz de soldado

____ 5. el viaje a América

____ 6. la escena del río

____ 7. el uniforme de militar carlista *(Carlist)*

____ 8. los cuadros no acabados

____ 9. el suicidio trágico

____ 10. el viaje por Suramérica

a. Juanito

b. don Luis y un guardia civil

c. la rondalla

d. don Manolo

e. las hermanas

f. Fernando

g. Fernando y Luz

h. doña Amalia y su amante

i. Violeta

j. Clara y Fernando

Note:
Your instructor may ask you to read over the questions in the section **Exploración** before you see the film, in order to improve your understanding of it.

Investigación

Busque información sobre uno de los temas que siguen.[*]

1. la época de la República española (1931-1936): cambios socio-políticos

2. el carlismo: orígenes e ideología

3. el escritor y filósofo Miguel de Unamuno y la fe religiosa

4. la Guardia Civil

Exploración

A. Las circunstancias. Ponga en orden cronológico los siguientes eventos. Después, explique las circunstancias de cada uno.

_____ a. Luz y Fernando se van a América.

_____ b. Don Manolo lleva a Fernando a su casa.

__1__ c. La Guardia Civil encuentra a Fernando en el campo.

_____ d. Rocío anuncia que ha triunfado la República.

_____ e. Fernando le dice a Luz que la quiere a ella.

_____ f. Clara echa a Fernando al río.

_____ g. Doña Asun pide la mano de Rocío para su hijo.

_____ h. Las hijas de don Manolo llegan de Madrid.

_____ i. Fernando le dice a don Manolo que se ha enamorado de Violeta.

_____ j. Juanito reniega a _(renounces)_ la religión católica.

---

[*] The **Investigación** sections suggest topics related to the movie that you may want to find out more about. Your instructor may assign these to individuals or groups and have them report the information to the class.

B. ¿Por qué? Explique por qué pasan estas cosas.

1. ¿Por qué deserta Fernando del ejército?

2. ¿Por qué mata un guardia civil al otro?

3. ¿Por qué dice don Manolo que tiene tres frustraciones en la vida? ¿Cuáles son?

4. ¿Por qué llegan de Madrid las hijas de don Manolo? ¿Qué está ocurriendo en la capital?

5. ¿Por qué hace el amor Fernando con todas las hijas? ¿Está enamorado de ellas? ¿ellas de él?

6. ¿Por qué quiere Juanito renegar a su religión? ¿Hay más de una razón? ¿Por qué vuelve a ser «carlista hasta la muerte»?

7. ¿Por qué don Manolo le dice a Fernando que el amor que siente por Violeta es imposible?

8. ¿Por qué es extraña la relación entre don Manolo, su mujer y el señor Danglard?

9. ¿Por qué se consideran casados Fernando y Luz aunque el cura no los casa?

10. ¿Por qué deciden irse a América los recién casados?

Análisis y contraste cultural

Vocabulario

Ideología

el/la agnóstico(a)	*agnostic*
anticlerical	*anticlerical, against the church*
el/la apóstata	*apostate*
el/la carlista	*Carlist (don Carlos de Borbón's supporter, royalist)*
el/la católico(a)	*Catholic*
el/la liberal	*liberal*
el/la libertino(a)	*libertine*
el/la monárquico(a)	*monarchist*
el/la reaccionario(a)	*reactionary*
el/la renegado(a)	*one who has renounced the faith*
el/la republicano(a)	*Republican*

Otras palabras

el arrebato	*fit, outburst*
el/la criado(a)	*servant*
el/la infiel	*unfaithful (person)*

Otras palabras (continuación)

la Iglesia	*the (Catholic) Church*
matar	*to kill*
el/la mayor	*the eldest*
el/la menor	*the youngest*
el/la pequeño(a)	*the little one, the youngest*
rondar	*to serenade*
suicidarse	*to kill oneself, commit suicide*

Expresiones

darle pena (a alguien)	*to feel sorry*
portarse como un tío	*(colloquial) to act like a man*
¡Que tengáis suerte!	*Good luck to you! (*vosotros *form)*
ser un buen partido	*to be a good match*
tratar mal	*to treat (someone) badly*

A. ¿Cierto o falso? Indique si las siguientes oraciones son ciertas (C) o falsas (F).

____ 1. Fernando llevaba una Biblia en la maleta.

____ 2. El suegro del guardia civil lo mata en un arrebato y después se suicida.

____ 3. Don Manolo le coge cariño a Fernando.

____ 4. Luz es la más pequeña y la única que no está enamorada de Fernando.

____ 5. Una rondalla ronda a Clara el día del pedido de mano.

____ 6. A Luz le da pena que Rocío trate mal a Juanito.

____ 7. Rocío cree que Juanito es un buen partido.

____ 8. Violeta se porta como un tío cuando lleva el disfraz de criada.

____ 9. Luz y Fernando se casan por la Iglesia.

____10. Don Manolo se despide de sus hijos diciendo «¡Que tengáis suerte!»

B. Los personajes. Descríbalos con los dos adjetivos que mejor los caracterizan.

1. Don Manolo es _____ y _____ .

2. Doña Amalia es _____ y _____ .

3. Fernando es _____ y _____ .

4. Juanito es _____ y _____ .

5. Doña Asun es _____ y _____ .

6. Las hermanas son _____ y _____ .

7. Clara es la hermana _____ y Luz es la _____ .

Nota cultural

Para entender el significado y mensaje de la película, es importante recordar que en la España monárquica y católica pre-republicana nunca hubo un movimiento feminista y que la situación de la mujer era tremendamente tradicional.

Temas de conversación o composición

Discuta con sus compañeros los temas que siguen.[*]

1. el título de la película   (¿Por qué se llama *Belle Epoque*? ¿Le gusta a usted este título o sería mejor otro?)

2. el tema o mensaje de la película (¿Cuál es? ¿Qué nos quiere comunicar el director? ¿Qué posible relación tiene con la España actual?)

3. los personajes (¿Qué los caracteriza? ¿Hay algunas diferencias fundamentales entre los personajes masculinos y femeninos? ¿Es esta caracterización habitual en el cine? ¿Son los roles de padre, marido, madre, esposa, hijas solteras, hija viuda, joven soltero, cura suicida… típicos?)

4. los cambios de identidad (¿Qué importancia y significación tienen los disfraces y la secuencia del carnaval?)

5. la ideología (¿Cómo muestra el director las diferentes ideologías de los españoles de la época? ¿Qué diferencia, según Trueba, a los monárquicos carlistas de los republicanos? ¿Le parece a usted que es una representación objetiva?)

---

* Your instructor may ask you to report back to the class or write a paragraph about one of the topics.

6. el humor (¿Cuáles son algunas escenas divertidas de la película? ¿Cómo logra Trueba crear una comedia a pesar de los acontecimientos trágicos del principio y del final de la película? ¿Cómo convierte algunas escenas –que podrían calificarse de «políticamente incorrectas»– en hechos humoristas que hacen reír al público?)

7. el final (¿Qué le parece el final de la película? ¿Es trágico o feliz? ¿Lo esperaba? ¿Qué significado puede tener el viaje de los recién casados a América? ¿Quiere proponer otro final?)

Una escena memorable

¿En qué fiesta están Fernando y Violeta? ¿Qué tipo de baile están bailando ellos? ¿Quién ha tomado la iniciativa? ¿Por qué resulta tan divertida esta escena?

Hablan los personajes

Analice las siguientes citas, explique de quién son y póngalas en contexto. (Para una lista de los personajes, ver el ejercicio B en la sección «Antes de ver la película».)

1. «Como no he podido rebelarme contra la Iglesia, ni contra el ejército ni contra el matrimonio que, aparte de la Banca, son las instituciones más reaccionarias que existen, aquí me tienes rebelde, infiel y libertino por naturaleza, y viviendo como un circunspecto burgués.»

2. «Pero infeliz, ¿cómo te vas a casar con un hombre?»

3. «Prefiero esperar a que llegue la República. Lo digo porque cuando venga la República habrá divorcio.…»

4. «No aguanto a mi madre. Quiero ser libre.»

5. «Pero ¿por qué me has traído aquí? … Perdón, sé que no has sido tú, tampoco he sido yo; han sido mis pies.»

6. «En México querían sacarme del teatro a hombros.»

7. «Dijiste que sería un momento: ¡cuatro horas y cuarenta y siete minutos!»

8. «Quien se quita la vida se quita el miedo a la muerte.»

9. «Y tú cuídamela bien o, si no, te vas a enterar de lo que es un cuñado.»

Hablando de la cultura...

Una de las costumbres tradicionales de los españoles es cantar zarzuela, una especie de opereta o comedia musical española que aparece en el siglo XVIII. El famoso cantante de ópera español Plácido Domingo comenzó su carrera cantando zarzuelas en México. ¿Ha escuchado usted una zarzuela alguna vez? ¿Qué relación pueden tener con la película las primeras palabras de la zarzuela que canta Amalia: «En un país de fábula vivía un viejo artista…»?

Hablan los críticos y los directores

«La película no es sólo una comedia vodevilesca de amores libres , sino un muestrario de arquetipos españoles tratados con particular ternura *(tenderness)*. Guardias civiles y curas liberales, carlistas y devotas de Cristo Rey, republicanos y libertarios, señoritas de buena familia y ex-seminaristas rojos. Todas las paradojas españolas que florecieron en el oasis de libertad que fueron los años de la República del 31. Un tiempo que fue para el realizador la verdadera «belle epoque» de España.»

–José Luis Roig y Gustavo Valverde, «Belle Epoque», *Tiempo*, el 4 de abril, 1994.

"Trueba's version of 1930s Spain, I would argue, has been transfigured by the social and moral revolutions that have come afterwards. It is an example of what we might call the colonization of the past by the present. In fact, the rural paradise depicted in the film is a composite, a mixture, of the 1960s hippy culture, the cult of 'make love not war,' plus generous helpings of 1970s *apertura*, pre-AIDS freedoms of the transition period, 1970s and 1980s feminism, as well as gender bending and a postmodern taste for blurring political, moral, and sexual boundaries. It is the 'anything goes' society. All this is then projected back onto the Spain of the 1930s, producing a luminous, attractively optimistic, joyous view of life."

–Barry Jordan, "Promiscuity, Pleasure, and Girl Power: Fernando Trueba's *Belle Epoque* (1920)," *Spanish Cinema: The Auterist Tradition,* Peter W.Evans (Oxford: Oxford University Press, 1999), p.303.

¿Qué opina usted? ¿Es la imagen que Trueba da de la España de 1930 real o fabulada según las revoluciones posteriores?

«Efectivamente, opino que *Belle Epoque* tiene todos los elementos para constituir una guía maestra de tragicomedia musical canónica… ¿No es inevitable el imaginarse un solo amargo de Manolo barruntando (*guessing about*) los tiempos que se avecinan *(are approaching)*? ¿No tendría su tema musical el atribulado muchacho preguntándose a cuál de ellas elegir? ¿No es cierto que las ensoñaciones de cada una de las cuatro hijas merecerían su leit motif? ¿No corresponderían números musicales a Juanito, tránsfugo *(turncoat)* político por amor y hasta a don Luis, confundido entre la fe garbancera *(rustic, naive)* y el sentimiento trágico de la vida…?»

—Fernando Trueba en una entrevista con Bernardo Sánchez, «Belle Epoque», *Antología crítica del cine español; 1906-1995*, Julio Pérez Perucha (Madrid: Cátedra, 1997), p.931.

¿Está usted de acuerdo con que *Belle Epoque* podría convertirse en una buena comedia musical? ¿Por qué sí o por qué no?

¡Ay, Carmela!

Presentación de la película: Después de entretener a la tropa republicana en Aragón, la compañía de espectáculos «Carmela y Paulino, varietés *(vaudeville)* a lo fino», es decir, Carmela, Paulino y Gustavete, deciden irse a Valencia. Pero en el camino se pierden *(get lost)* y entran en la zona franquista (ver la nota más abajo), donde son arrestados. Todo parece indicar que van a ser fusilados *(shot),* pero al enterarse *(finding out)* un oficial italiano de que son actores, les hace una oferta que no pueden rehusar *(refuse)*...

*La acción de *¡Ay, Carmela!* ocurre en Aragón (España) durante la Guerra Civil Española (1936-1939). Después de siglos de monarquía y de dominio del ejército, de la iglesia y de la oligarquía tradicional, en 1931 la Segunda República significó el triunfo de las clases medias y de la pequeña burguesía liberal. Pero la violencia y la anarquía hicieron que el 18 de julio de 1936 el general Franco se sublevara *(rebelled),* iniciando así la guerra. España quedó dividida en dos bandos: republicanos y nacionales, con sus respectivas zonas. El liberalismo y el totalitarismo, así como todas las tensiones acumuladas por los españoles durante siglos, se enfrentaron en la lucha. El resultado fue una tragedia para todos los españoles, con terribles y duraderas consecuencias.

*Carlos Saura nació en Huesca (España) en 1932. Es uno de los realizadores más prolíficos y eclécticos del cine español. Su primera película (*Los golfos*, 1959), retrato realista de unos jóvenes marginados, le ocasionó graves problemas con la censura *(censorship)* de Franco. Por eso, en sus siguientes filmes analizó la burguesía española de la época utilizando un lenguaje fílmico muy metafórico para poder escapar de los censores, y fue muy aclamado en el extranjero. Entre estos filmes se encuentran *El jardín de las delicias* (1970), *La prima Angélica* (1973), *Cría cuervos* (1976) y *Mamá cumple cien años* (1979). Durante su matrimonio con Geraldine Chaplin, hija del inolvidable Charlot (Charlie Chaplin), Saura realizó numerosas películas con su esposa como protagonista. Alcanzó su mayor éxito internacional con su trilogía musical: *Bodas de sangre* (1981), *Carmen* (1983) y *El amor brujo* (1986). Otros musicales suyos son *Flamenco* (1995) y *Tango* (1998). Saura ha ganado tres Osos en Berlín, dos Grandes Premios en Cannes, el premio al mejor director en Montreal y siete Goyas por *¡Ay, Carmela!*

*Carmen Maura hace el papel protagonista de Carmela, después de haber triunfado con Almodóvar en los años ochenta. (Ver *Mujeres al borde de un ataque de nervios*, Capítulo 17.)

*Andrés Pajares comenzó actuando con grupos de aficionados *(amateurs)* bohemios por los pueblos de España. Su éxito le permitió tener su propia compañía y su programa de televisión. Desde 1979 protagonizó catorce comedias que le dieron enorme popularidad. Con el papel de Paulino en *¡Ay, Carmela!*, obtuvo un Goya y el premio de interpretación en el Festival de Montreal.

*Gavino Diego interpreta a Gustavete. Otras de sus películas son *Belle epoque* (1990, Fernando Trueba) y *El amor perjudica seriamente la salud* (1997, Manuel Gómez Pereira).

Preparación

Vocabulario preliminar

Cognados

el/la comunista	la libertad	recitar
el/la fascista	el poema	robar
la gasolina	el/la prisionero(a)	la zona

La guerra

el bombardeo	*bombing*
el disparo	*shot*
el/la franquista	*Franco supporter*
la guerra	*war*
el/la oficial	*officer*
el/la soldado	*soldier*
el/la teniente	*lieutenant*
la(s) tropa(s)	*troop(s)*

Otras palabras

el/la alcalde	(*also,* la alcaldesa) *mayor*
el/la artista	*actor (actress)*
la bandera	*flag*
la bata de cola	*flounce dress, flamenco dress*
el camión	*truck*
la camioneta	*van*
el chiste	*joke*
conducir	*to drive*
el conejo	*rabbit*
el/la huérfano(a)	*orphan*
mudo(a)	*mute*
la niebla	*fog*
perderse (ie)	*to get lost*
el/la polaco(a)	*Pole*
la regla	*menstrual period*
el seminario	*seminary (where men are trained for the priesthood)*
las variedades (las varietés)	*vaudeville*

A. Asociaciones. Indique con un círculo la palabra que no está relacionada con las otras tres.

1. comunista / fascista / franquista / artista

2. alcalde / soldado / teniente / oficial

3. conducir / camioneta / chiste / camión

4. español / italiano / polaco / disparo

B. ¡Es lógico! Indique con un círculo la letra de la palabra o frase apropiada para terminar la oración.

1. Carmela, Paulina y Gustavete son artistas de...

    a. camiones.

    b. variedades.

    c. banderas.

2. Gustavete no habla porque...

    a. es huérfano.

    b. recita un poema.

    c. es mudo.

3. Paulino estudió para cura *(priest)* en...

   a. la guerra.

   b. el prisionero.

   c. el seminario.

4. Todos tienen miedo porque creen que va a haber...

   a. un bombardeo.

   b. libertad.

   c. una zona.

5. Cuando necesitan gasolina para ir a Valencia, los artistas la...

   a. roban.

   b. recitan.

   c. conducen.

6. Los artistas se pierden porque...

   a. no tienen gasolina.

   b. hay mucha niebla.

   c. llega la tropa franquista.

7. Carmela se siente mal porque...

   a. ve un conejo.

   b. lleva bata de cola.

   c. le viene la regla.

Antes de ver la película

A. Experiencias

1. ¿Conoce usted a alguien que haya vivido una guerra o luchado en una guerra? ¿Qué le ha contado sobre esto? ¿Cómo cree usted que lo (la) afectó?

2. ¿Conoce usted a alguien que haya ido a la cárcel *(jail)* por sus ideas políticas o religiosas? ¿Cuáles fueron las circunstancias? ¿Cómo salió de la cárcel? Explique.

B. Los personajes. Después de ver la película, diga con qué personaje se asocia más apropiadamente cada cosa y explique por qué. Sólo puede usar una vez a cada personaje.

___ 1. la máquina de coser *(sewing machine)*		a. Paulino
___ 2. una foto		b. Carmela
___ 3. el «flirt» de Carmela		c. Gustavete
___ 4. el buen corazón		d. el soldado del camión
___ 5. el instinto maternal de Carmela		e. el teniente italiano
___ 6. el amor a la música		f. el prisionero polaco
___ 7. el disparo de pistola		g. el alcalde del pueblo
___ 8. los chistes vulgares		h. un oficial franquista

Note:
Your instructor may ask you to read over the questions in the section **Exploración** before you see the film in order to improve your understanding of it.

Investigación

Busque información sobre uno de los temas que siguen.[*]

1. la Guerra Civil Española (1936-1939) y el frente de Aragón

2. las ayudas internacionales a los bandos franquista y republicano

3. las canciones y los poemas de la Guerra Civil Española

---

[*] The **Investigación** sections suggest topics related to the movie that you may want to find out more about. Your instructor may assign these to individuals or groups and have them report the information to the class.

Exploración

A. Las circunstancias. Ponga en orden cronológico los siguientes hechos. Después explique las circunstancias de cada uno.

___ a. Paulino y Gustavete ponen flores en la tumba *(grave)* de Carmela.

___ b. Se oye un disparo y un grito *(shout)* de Gustavete.

___ c. Los artistas representan «La República va al dottore».

___ d. Los brigadistas empiezan a cantar «¡Ay, Carmela!» durante la escena de la bandera.

___ e. Los nacionales hacen prisioneros a los artistas.

___ f. En el teatro tocan el himno *(anthem)* nacional cuando entra Franco.

___ g. Los artistas se pierden y entran en la Zona Nacional (la zona franquista).

___ h. El teniente italiano les pide que hagan una escena con la bandera.

___ i. Paulino quiere hacer el amor con Carmela en la casa del alcalde.

___ j. Los artistas se comprometen a *(agree to)* actuar para la tropa franquista.

B. Los por qués. Explique por qué pasan estas cosas.

1. ¿Por qué se ha quedado mudo Gustavete?

2. ¿Por qué flirtea Carmela con el soldado del camión?

3. ¿Por qué quiere Carmela casarse por la Iglesia?

4. ¿Por qué no se siente bien Carmela el día del espectáculo?

5. ¿Por qué se siente mal del estómago Paulino?

6. ¿Por qué siente Carmela tanta compasión por el brigadista polaco?

7. ¿Por qué tienen que cambiar «varietés» a «variedades»?

8. ¿Por qué habla el teniente Ripamonte de tres banderas, tres culturas y una sola victoria?

9. ¿Por qué asesinan a Carmela?

10. ¿Por qué recupera *(recover)* la voz Gustavete?

Análisis y contraste cultural

Vocabulario

Los ejércitos

las Brigadas Internacionales	*International Brigades*
el ejército	*army*
el frente	*front*
fusilar	*to shoot, execute (by shooting)*
luchar	*to fight*
los nacionales	*Franco's army*
la primera línea	*front line*
los rojos	*"reds" (Republican army)*

El teatro

ensayar	*to rehearse*
la escena	*scene*
el escenario	*stage, set*
el espectáculo	*show*
el público	*audience*

Expresiones

¡Arriba España!	*Long live Spain!*
caer muerto(a)	*to fall dead*
contar chistes	*to tell jokes*
poner la carne de gallina	*to give goose bumps*
ser un pesao (pesado)	*to be a bore, a drag*
sobrarle corazón	*to be tenderhearted*
tirarse un pedo	*to fart*

A. Los dos bandos. Complete las oraciones con palabras de la lista «Los ejércitos».

1. Los artistas actuaron en el _____ para el ejército republicano.

2. Decidieron ir a Valencia porque las condiciones en la _____ eran terribles.

3. Las _____ lucharon por la República.

4. Hítler y Mussolini eran aliados de _____.

5. Los nacionales llamaban «_____» a la gente del bando republicano.

B. Carmela. Complete la descripción con palabras o expresiones apropiadas de las listas. ¡Ojo! Hay que conjugar algunos verbos.

Carmela quiere a Paulino, aunque discute *(argues)* mucho con él porque a veces él es

un (1)_____. Para entretener a la tropa republicana, Paulino cuenta

(2) _____ y se tira (3) _____. Cuando los artistas se pierden y entran

en la zona nacional, un capitán franquista los obliga a decir, (4) «¡_____!» Un día

tienen que montar *(put up, assemble)* un nuevo (5)_____ para entretener a las

tropas nacionales y los artistas (6) _____ las (7) _____ nuevas.

A Carmela le sobra (8)_____. Por eso, cuando sabe que van a (9)_____

a los jóvenes de las Brigadas Internacionales se le pone la carne (10) _____.

Precisamente porque Carmela es tan natural, expresa sus emociones en

el (11) _____ y escandaliza al (12) _____ franquista. Un soldado le

dispara la pistola y Carmela cae (13) _____. Así, Carmela se convierte en mártir

del partido republicano y en símbolo del amor a la libertad.

Temas de conversación o composición

Discuta con sus compañeros los temas que siguen.[*]

1. el mensaje o tema central (¿Qué nos quiere comunicar el director? ¿Qué quiere hacernos recordar? ¿Lo consigue?)

2. la ideología (¿Cómo se manifiestan las diferentes ideologías de la España de 1936? ¿Con qué personajes? ¿Con qué conductas? ¿Con qué bando parece simpatizar el director del filme? ¿Es objetivo?)

3. el lenguaje (¿Qué tipos de lenguaje se oyen en la película? ¿Ayudan a adivinar *[guess]* la ideología de los personajes o de los espectadores [los soldados franquistas]?)

4. el tono (¿Qué momentos son los más cómicos? ¿los más dramáticos? ¿Cómo se combina el humor con el drama?)

---

[*] Your instructor may ask you to report to the class or write a paragraph about one of the topics.

5. las relaciones (¿Cómo se relacionan Carmela y Paulino? ¿Por qué discuten tanto? ¿Cómo contribuyen el teniente Ripamonte y el brigada polaco a subrayar *[emphasize]* los diferentes comportamientos *[behavior]* de los protagonistas? ¿Cómo se relacionan Paulino y Gustavete? ¿Hay algún cambio en esta relación?)

6. la libertad del artista (¿Cómo se consideran Carmela y Paulino en cuanto al arte? ¿Debe el artista comprometerse con una ideología o debe actuar al margen? ¿Es posible representar una misma obra para públicos de ideas diferentes?)

7. el final (¿Qué le parece a usted el final trágico? ¿Es inevitable o no? ¿Podría usted crear un final diferente? Y el epílogo, ¿cree usted que tiene algún simbolismo?)

Una escena memorable

¿Qué pasa en esta escena? ¿Por qué llora Gustavete? ¿Qué quiere hacer Carmela?

Hablan los personajes

Analice las siguientes citas, explique de quién son y póngalas en contexto.

1. «Tú... con el soldado, el del camión digo... ¿hasta dónde has llegado?»

2. «Oigan, esto es un error. Nosotros no somos rojos; somos buenos españoles.»

3. «Si me dais vostra parola (vuestra palabra) de artista de que tenéis las manos limpias de sangre, io posso favorire (yo puedo favorecer) la vostra libertad.»

4. «Si los fascistas comen así todos los días, hemos perdido la guerra seguro.»

5. «Sin mis cosas, vestida de cortina, sin ensayos de música, con la regla que me viene y con esta mierda de diálogos…»

6. «Polaco, comunista, huérfano… y venir a morir a la tierra que no le ha dado tiempo ni a aprender cómo se pronuncia…»

7. «¿No podíais haberlos matado como Dios manda? ¡Cabrones!»

8. «Vamos, Paulino.»

Hablando de la cultura

En la Guerra Civil Española algunos obreros y campesinos se convirtieron en mandos *(commanders)* militares en la zona republicana donde se defendían «los derechos del pueblo». Por ejemplo, Líster, llamado «El Campesino», fue jefe del V Cuerpo de Ejército que participó en la famosa batalla del Ebro. En *¡Ay, Carmela!* Paulino recita el poema de Antonio Machado dedicado a Líster.

Varios poetas españoles se identificaron con uno u otro de los bandos. Por ejemplo, Federico García Lorca, cuya muerte comienza a recordar Paulino en el poema «Mataron a Federico…», fue fusilado por los nacionales en 1936.

En el lado franquista, Francisco de Urrutia escribió el pomposo poema épico «Castilla en armas», que Paulino se ve obligado a recitar para los soldados nacionales.

Cada lado—franquista o republicano— adoptó una serie de canciones populares adaptando la letra a su ideología. *¡Ay, Carmela!* fue la canción más popular en los frentes republicanos.[*]

Hablan los críticos y los directores

Rita Kempler opina que "Song, dance and politics make clumsy partners in Carlos Saura's *¡Ay, Carmela!,* a surprisingly flat-footed tale from the director of such fleet Flamenco movies as *Carmen* and *Blood Wedding.* Unfortunately, Carmela, a fiery chorine, sings and dances her way into danger, and Maura can neither carry a tune nor shake that thing. And dragging her long skirts behind her, she most recalls an anchored tanker."

—Rita Kempler, *Washington Post*, 22 de febrero, 1991.

Según Gwyne Edwards, "The variety act, consisting of four items, is beautifully shot, and in its changing moods is typical of the film in general…. Dressed in a long dress, Carmela performs with real gusto, accompanying the words of the song with a lively dance and involving her enthusiastic and excited audience in the performance."

—Gwyne Edwards, *Indecent Exposures*
(New York: Marion Boyers Press, 1994), pp. 118-119.

---

[*]   Your instructor may ask you (individually or in small groups) to listen to one of the poems or songs and transcribe it for the class. Two of them are included at the end of this chapter.

¿Con quién está usted de acuerdo? ¿Es que Carmen Maura no sabe cantar ni bailar? ¿Es que su actuación refleja la actuación de una artista de variedades de tercera categoría? ¿Es un acierto *(good idea)* o un desacierto mezclar canción, baile y política en esta película? ¿Por qué?

Letras de las canciones

*Mi España**

Mi España vuela como el viento
para hacerle un monumento
al valor de su Caudillo *(leader, meaning Franco)*.
Mi España está loca de alegría
porque ya se acerca el día
de ponernos cara al sol.†

España de mi querer ‡

Siento en mí triste emoción;
Me voy sufriendo lejos de ti
y se desgarra *(is ripped apart)* mi corazón.
Nunca el sol me alegrará.
En el vergel *(garden)* de España, mi amor,
como una flor siempre estarás.
Dentro del alma te llevaré,
cuna *(cradle)* de gloria, valentía y blasón *(honor, glory)*.
España, ya nunca te he de ver
De pena suspira *(sighs)* mi corazón.
España, me vuelve loco el amor
España de mi querer.

Siento en mí triste emoción;
Ya nunca tu suelo *(ground, soil)* veré
Lejos de ti, de pena moriré.
España mía, yo no te miro.
Tú eres mi guía, por ti brota *(breaks forth)* mi suspiro
Tú eres toda mi alegría
De noche y día yo no te olvido.
¡Ay, quién pudiera!
¡Ay, quién volviera!
Qué no daría por mirarte, Patria mía,

---

* «Mi jaca» ("My pony") was the original title of this popular song.

† These are the first words of the anthem of the Falange, the Fascist party of Spain, meaning "The day approaches to turn our faces to the sun."

‡ "Spain, the love of my heart." Thousands of Spaniards who had been against Franco went into exile when the war was over and Franco became Spain's leader; this was a popular song among them.

en tu cielo azul.
En mi soledad, suspiro por ti.
España, por ti me muero,
España, sol y lucero *(guiding light)*
Muy dentro de mí te llevo escondida
Quisiera la mar misma atravesar
España, flor de mi vida.

CAPÍTULO 17

Mujeres al borde de un ataque de nervios

Presentación de la película: Pepa se siente fatal *(terrible)*. Su único deseo es encontrar a Iván, su ex-amante, para decirle que está embarazada *(pregnant)*. Su vida se complica cuando llega a su casa su amiga Candela, que huye *(is fleeing)* de la policía porque han detenido a un terrorista chiíta *(Shiite, Shia Muslim)* con quien ella ha tenido una relación amorosa. A su casa llegan también Carlos, el hijo del ex-amante, y Lucía, la ex-esposa de Iván (que busca a Iván para matarlo). La concentración y cruce de personajes en la casa de Pepa da lugar a toda una serie de situaciones divertidas…

Mujeres al borde (verge) *de un ataque de nervios* — comedia de enredo *(errors)* — es la séptima película de Pedro Almodóvar. Obtuvo cinco premios Goya en España, el Premio Orson Welles al mejor autor de filme extranjero, el Premio de la Crítica italiana al mejor director, el David de Donatello de la Academia Italiana al mejor director, el Premio de la Crítica de Nueva York al mejor filme extranjero, el Premio Genius a la mejor película joven de Europa-Cine, Berlín. Además fue seleccionada para el Óscar a la mejor película extranjera en 1989.

*Pedro Almodóvar nació en La Mancha en 1949. Se trasladó muy joven a Madrid donde consiguió un trabajo administrativo en la compañía telefónica. Por entonces escribía guiones para historietas gráficas, actuaba y rodaba películas en super-8. Eran los años de «la Movida», un movimiento que representó la «nueva ola» y la estética punk, post-moderna y camp que llegó a Madrid después de la desaparición de la censura *(censorship)*. Almodóvar fue tan popular dentro de este movimiento que lo llamaron «el Andy Worhol español». Tras el estreno *(premiere)* de *Mujeres al borde de un ataque de nervios* (1988), Almodóvar se convirtió en el director español más conocido y taquillero *(with box-office success)* internacionalmente (lo llaman «Almodólar) y obtuvo muchos premios, incluso el Óscar 2000 a la mejor película extranjera por *Todo sobre mi madre* (ver el Capítulo 18). Otros filmes suyos son: *Laberinto de pasiones* (1982), *Entre tinieblas* (1983), *¿Qué he hecho yo para merecer esto?* (1984), *Matador* (1986), *La ley del deseo* (1987), *¡Atame!* (1989), *Tacones lejanos* (1991), *Kika* (1993), *La flor de mi secreto* (1995) y *Carne trémula* (1997).

*Carmen Maura nació en Madrid en 1945. Abandonó los estudios universitarios para dirigir una galería de arte y hacer pequeños papeles en teatro, televisión y cine. Formó parte de «la Movida» y en buena medida debe su reputación a Almodóvar, con quien trabajó en seis filmes. Pero también ha trabajado con otros directores haciendo papeles de ex-monja *(nun)*, artista de variedades, veterinaria, etc. Entre sus películas están: *¿Qué he hecho yo para merecer esto?* (Almódovar, 1984), *Sé infiel y no mires con quién* (Colomo, 1985), *La ley del deseo* (Almodóvar, 1987), *¡Ay,Carmela*! (Carlos Saura, 1990), *Lisboa* (Antonio Hernández, 1999) y *La comunidad* (Alex de la Iglesia, 2000).

*Antonio Banderas nació en Málaga en 1960. Estudió arte dramático, trabajó en compañías de teatro independiente y se instaló en Madrid, donde fue descubierto por Almodóvar, con quien ha protagonizado cinco películas. También ha trabajado con otros importantes directores españoles como Carlos Saura y Fernando Trueba, así como con realizadores europeos y americanos. Además ha trabajado con estrellas como Meryl Streep, Jeremy Irons, Glenn Close, Winona Ryder, Tom Cruise, Brad Pitt, Tom Hanks, Joanne Woodward y Mia Farrow. Algunas de las películas que ha filmado son: *Laberinto de pasiones* (Almodóvar, 1982), *Matador* (Almodóvar, 1985), *La ley del deseo* (Almodóvar, 1986), *¡Atame!* (Almodóvar, 1989), *The Mambo Kings* (Arnold Glincher, 1991), *Philadelphia* (Jonathan Demme, 1994), *The House of the Spirits* (Bille August, 1993), *Evita* (Alan Parker, 1996), *La máscara del Zorro* (Martin Campbell, 1998), *Spy Kids* (Robert Rodríguez, 2001) y *Original Sin* (Michael Cristofer, 2001). Banderas está casado con la actriz norteamericana Melanie Griffith, con la que ha fundado su propia productora *(production company)* para realizar filmes en Estados Unidos.

Preparación

Vocabulario preliminar

Note:
See the note on the **vosotros** form in Chapter 15. Notice also that in the south of Spain (**Andalucía**) the letter **s** is often omitted at the end of a word; for instance, **los** or **las** will be pronounced **lo'** or **la'** (with a sound like an aspirated **h** instead of the **s**). The letter **d** disappears between vowels: e.g., **lo sabe todo** becomes **lo sabe to'o, estoy perdida** becomes **estoy perdí'a**, or **me he quedado colgadita** becomes **me he quedao colga'ita**. Notice that Candela, who is from Málaga, speaks this way.

Cognados

abandonar
el actor (la actriz)
desesperado(a)
el mensaje

Otras palabras

el contestador	*answering machine*
el doblaje	*dubbing*
doblar (e.g., filmes)	*to dub (e.g., films)*
enamorado(a) de (enamorarse)	*in love with (to fall in love)*
engañar	*to cheat*
llorar	*to cry*
la pareja	*partner, significant other*
el piso	*apartment*
quemar	*to burn*
romper	*to break; to tear apart*
el somnífero	*sleeping pill*
soñar (ue) con	*to dream about*

Expresiones

dejar recado	*to leave a message*
coger el teléfono	*to answer the phone (Spain)*
estar embarazada	*to be pregnant*
estar metido(a) en un apuro	*to be in real trouble*
hacer un papel	*to play a part*
marcar un número de teléfono	*to dial a telephone number*
sentirse (ie) fatal	*(colloquial) to feel terrible*

A. Hablemos de Pepa. Complete el párrafo con palabras apropiadas de la siguiente lista.

actores de doblaje	desesperada	piso
coge el teléfono	engaña	quema
contestador	pareja	sueña

En el filme *Mujeres al borde…*, Pepa vive en un (1) _____ muy moderno en

Madrid. Pepa e Iván son (2) _____ y eran (3) una _____ pero han

roto su relación sentimental.   Pepa desea hablar con Iván pero él no (4) _____ y

por eso ella le deja mensajes en el (5) _____. Pepa (6) _____ con Iván

y con otras mujeres a las que él (7) _____ con bonitas palabras. Por eso Pepa está

(8) _____ y (9) _____ la cama.

B. ¡Falta algo! Complete las oraciones con palabras apropiadas de las listas de vocabulario.
¡Ojo! Hay que conjugar los verbos.

1. Los actores y actrices _____ papeles variados y a veces _____ filmes

   extranjeros a su lengua.

2. Una soltera joven que está _____ y tiene padres conservadores generalmente

   está metida en un _____, especialmente si su novio la _____.

3. A veces un miembro de la pareja se _____ de otra persona y

   desea _____ la relación. El otro miembro sufre y _____ mucho.

4. Favor de _____ este número; si nadie contesta, hay que

   dejar un _____.

5. No pude dormir, así que tomé un _____. Ahora me siento _____.

Antes de ver la película

A. La mujer

1. ¿Cree usted que las mujeres modernas se enamoran tan locamente como antes? ¿Por qué sí, o por qué no?

2. ¿Por qué algunas mujeres modernas y profesionales quieren vivir sin pareja? ¿Es fácil para ellas?

3. Si una mujer está embarazada, ¿debería decírselo siempre al padre del bebé que va a nacer?

4. ¿Qué cosas en la vida pueden poner a una mujer al borde de un ataque de nervios?

B. ¿Quién es quién? Lea las descripciones y los nombres de los personajes. Después de ver la película, empareje cada personaje con su descripción.

_____ 1. actriz de doblaje y anuncios de televisión, ex-amante de Iván   a. Paulina

_____ 2. actor de doblaje y «don Juan» contemporáneo   b. Carlos

_____ 3. modelo, ex-amante de un terrorista chiíta   c. Lucía

_____ 4. persona con problemas mentales, ex-esposa de Iván y madre de Carlos   d. Marisa

_____ 5. hijo de Iván en busca de piso con su novia   e. el taxista

_____ 6. muchacha que quiere casarse con Carlos   f. la portera

_____ 7. abogada de la ex-exposa de Iván   g. Candela

_____ 8. persona muy religiosa que siempre dice la verdad   h. los policías

_____ 9. persona muy amable que siempre ayuda a Pepa   i. Iván

_____ 10. persona poco amable que trabaja en los estudios EXA   j. Pepa

_____ 11. personas algo estúpidas que investigan una llamada   k. la telefonista

Note:
Your instructor may ask you to read over the questions in the section **Exploración** before you see the film, in order to improve your understanding of it.

Investigación

Busque información sobre uno de los temas que siguen.[*]

1. las películas *Johnny Guitar* y *Rear Window*

2. la «Movida» madrileña de los ochenta

3. la situación de la mujer en España durante el franquismo (la época de Franco) y la democracia: los cambios, los retos *(challenges)*, etc.

Exploración

A. ¿Cierto o falso? Lea las siguientes oraciones. Indique C (cierto) o F (falso). Corrija las oraciones falsas.

____ 1. Iván y Pepa están enamorados.

____ 2. Pepa hace el papel de madre de un asesino *(murderer)*.

____ 3. A Marisa no le gusta el piso de Pepa.

____ 4. Los policías buscan a los terroristas chiítas.

____ 5. El problema de Candela es que está embarazada.

____ 6. Un policía lleva a Pepa al aeropuerto.

____ 7. Paulina salva a Iván de la muerte.

____ 8. Iván no sabe que iban a secuestrar *(hijack)* su avión.

B. La historia

1. ¿Qué indica la letra *(lyrics)* de la canción que se oye al comienzo de la película?

2. ¿Qué animales hay en la terraza del piso de Pepa? ¿Qué referencia bíblica hace ella?

3. ¿Cómo se comporta Iván en la secuencia de las numerosas mujeres? ¿Por qué las escenas son en blanco y negro?

4. ¿Por qué se desmaya *(faint)* Pepa cuando está doblando en los estudios EXA?

5. ¿Para qué visita Pepa la agencia inmobiliaria *(real estate)* y la farmacia?

---

[*] The **Investigación** sections suggest topics related to the movie that you may want to find out more about. Your instructor may assign these to individuals or groups and have them report the information to the class.

6. ¿Qué ingredientes usa Pepa para preparar el gazpacho? ¿Qué le añade?

7. ¿Cómo manifiesta Pepa su frustración con Iván?

8. Pepa cree que Iván está en casa de Lucía y toma un taxi para ir allí. ¿Por qué la reconoce el taxista?

9. ¿Qué noticia se escucha en la televisión? ¿Por qué resulta extraño este noticiero *(newscast)?*

10. ¿Por qué llama Candela a Pepa tan desesperadamente? ¿Qué trata de hacer y por qué no lo logra?

11. Carlos y Marisa llegan al piso de Pepa: ¿Qué desean ellos? ¿Qué hace Carlos con el teléfono? ¿A quién llama y para qué?

12. ¿Qué ocurre en el despacho *(office)* de la abogada?

13. Lucía y dos policías llegan a la casa de Pepa. ¿Qué les cuenta Pepa? ¿Qué les ocurre?

14. ¿Cuál es la historia de Lucía?

15. ¿Qué les roba Lucía a los policías? ¿Adónde va y cómo llega allí?

16. ¿Qué trata de hacer Lucía? ¿Quién se lo impide *(prevents)* y cómo?

17. ¿Cuál es la reacción de Iván? ¿Qué le propone a Pepa y qué responde ella?

18. Cuando Pepa regresa a casa, ¿qué sugiere la escena que ha pasado entre Carlos y Candela?

19. Marisa se ha despertado. ¿Qué ha soñado ella? ¿Por qué dice Pepa que la cara de Marisa ha cambiado?

20. ¿Qué le cuenta Pepa a Marisa? ¿Cómo parece sentirse Pepa?

Análisis y contraste cultural

Vocabulario

El amor

el/la amante	*lover*
desear	*to want*
ligar	*(colloquial) to pick up (romance)*
el/la novio(a)	*fiancé(e), sweetheart*
olvidar	*to forget*
querer(ie)	*to love*
tener un lío	*(colloquial) to have an affair (Spain)*
tesoro	*(term of address meaning "treasure") honey, dear*
traicionar	*to betray*

Otras palabras

alquilar	*to rent*
chistoso(a)	*funny*
el despacho	*office*
mentir (ie)	*to lie*
perseguir (i)	*to chase*
secuestrar	*to hijack (also, to kidnap)*
tirarse de	*to jump off*

Expresiones

dígame	*hello (when answering the phone in Spain)*
echar a la basura	*to throw out, put in the garbage*
estar atacadísimo(a)	*to be having a fit*
estar estupendo(a)	*to look terrific*
estar metido(a) en un lío	*to be in big trouble*
estar perdido(a)	*to be in big trouble*
La línea está ocupada.	*The line is busy.*
No hay nada (e.g., entre dos personas).	*There's nothing (e.g., between two people). It's over.*
pasárselo pipa	*(colloquial) to have a great time (Spain)*
¡Qué casualidad!	*What a coincidence!*
quedar colgado(a)	*(colloquial) to fall in love (Spain)*
vale	*OK, all right (Spain)*

A. Lógica. Para cada oración a la izquierda, busque una terminación apropiada a la derecha.

____ 1. Pepa tiene más de treinta años pero...

____ 2. Entre Iván y Pepa…

____ 3. Pepa recoge la maleta de Iván y…

____ 4. El hijo de Iván quiere alquilar el piso de Pepa. ¡Qué…

____ 5. Lo que le pasa a Candela es que…

____ 6. Como está atacadísima, Candela…

____ 7. Durante su sueño, Marisa…

____ 8. Iván traiciona a Pepa…

a. se lo pasa pipa.

b. trata de tirarse de la terraza.

c. está estupenda.

d. ya no hay nada.

e. la echa a la basura.

f. está metida en un lío.

g. porque tiene un lío con otra mujer.

h. casualidad!

B. Así es la vida. Complete el párrafo con palabras de la siguiente lista.

alquilar   mintiéndole   se tiran

amante   novio   Tesoro

despacho   olviden   traiciona

ligando   quiero

Si una persona enamorada sabe que su (1)_____ (a) o esposo(a) tiene un lío con

un(a) (2) _____, piensa que lo (la) (3) _____. Generalmente quien

traiciona a su pareja le dirá: (4)«_____, yo sólo te (5) _____ a ti.»

Pero seguramente seguirá (6)_____ a su pareja y (7) _____ con otra

gente. Probablemente un día uno de ellos irá al (8) _____ del abogado para pedir

el divorcio o a una inmobilaria *(real-estate agency)* para (9) _____ un piso. Pocas

personas (10) _____ de una ventana; lo más normal es que (11) _____ al

(a la) ex-amante.

C. En resumen. Complete las oraciones con palabras apropiadas de las listas.

1. Pepa trata de llamar a Iván, pero a veces no contesta y a veces la línea

 está _____.

2. Iván _____ a muchas mujeres, pero parece que no las quiere.

3. Candela quedó _____ de un chiíta.

4. Los chiítas iban a _____ el avión que iba a Estocolmo.

5. Cuando suena el teléfono, Candela tiene miedo y dice «Estoy _____.»

6. En esta película, cuando alguien contesta el teléfono, no dice «aló»,

 sino «_____».

7. Para decir «está bien» u «okei», en España se dice «_____».

8. La escena con los policías es _____ porque son muy incompetentes.

9. Lucía _____ a Iván y trata de matarlo.

Temas de conversación o composición

Discuta con sus compañeros los temas que siguen.[*]

A. Los personajes

1. Pepa (¿Qué edad tiene? ¿Cómo es físicamente? ¿Cómo viste? ¿Qué profesión tiene? ¿Por qué está al borde de un ataque de nervios?)

2. Candela (¿De dónde es? ¿Cuál es su trabajo? ¿Por qué está tan asustada? ¿Cómo trata de resolver su problema?)

3. Marisa (¿Qué clase social y modo de pensar representa? ¿Qué es lo que más le importa? ¿Por qué parece tan relajada al final?)

---

[*] Your instructor may ask you to report back to the class or write a paragraph about one of the topics.

4. Lucía (¿Por qué resulta tan extravagante *(strange)?* ¿Dónde ha estado por muchos años? ¿Qué planes tiene?)

5. Paulina (¿Cuál es su profesión? ¿Cómo se comporta? ¿Es diferente a las otras mujeres?)

6. los hombres (¿Cómo son representados en este filme? Describa a Iván y a Carlos. ¿En qué se parecen y en qué se diferencian?)

7. los personajes más divertidos (¿Quiénes son? ¿Por qué se dice que son irreverentes?)

B. Otros temas para discutir

1. el título de la película y su relación con el tema

2. la función de las canciones que se oyen en la película; por ejemplo, estas dos canciones mexicanas:

Soy infeliz	*La vida es puro teatro*
Soy infeliz porque sé que no me quieres. ¿Para qué más insistir? Vive feliz mi bien. Si el amor que tú me diste para siempre he de sentir…	Igual que en un escenario finges *(you feign)* tu dolor barato. Tu drama no es necesario. Yo conozco este teatro. Teatro, lo tuyo es puro teatro, falsedad bien empleada, estudiado simulacro *(pretense, falseness)*. Fue tu mejor actuación destrozar mi corazón. Y hoy que me lloras de veras recuerdo tu simulacro.

3. el noticiero y el anuncio comercial en la TV

4. el papel del teléfono y del contestador automático

5. lo irónico de lo que pasa en el despacho de la abogada feminista

6. la historia de Lucía en el contexto de los años 60

7. la reacción de los personajes en el aeropuerto

8. el humor de la secuencia final en la casa de Pepa

Una escena memorable

¿Quiénes son estos personajes? ¿Cómo son? ¿Qué pasa en esta escena?

Hablan los personajes

Analice las siguientes citas, explique de quién son y póngalas en contexto. (Para una lista de los personajes, ver el Ejercicio B, en la sección «Antes de ver la película».)

1. «En cualquier caso, no conseguí salvar la pareja que más me interesaba: la mía.»

2. «Uy, sí, sí, sí, perdón, perdón. Servidora está aquí para eso, ¿eh?»

3. «Estoy harta *(sick)* de ser buena.»

4. «Esto no me gusta… Yo lo que quiero es una casa y esto no es una casa casa.»

5. «Pues se ha equivocado de sitio. Esto no es un consultorio sentimental.»

6. «Yo sólo puedo decir la verdad, toda la verdad y nada más que la verdad.»

7. «Sólo matándole conseguiré olvidarle.»

8. «Es mucho más fácil aprender mecánica que sicología masculina; a una moto puedes llegar a conocerla a fondo *(in depth)*, a un hombre jamás.»

Hablando de la cultura...

La acción de *Mujeres al borde*... ocurre en el Madrid de los años ochenta. Durante la dictadura de Francisco Franco (1936-1975) se había vuelto al Código Civil de 1889 que declaraba la inferioridad de la mujer, cuyos únicos roles aceptables eran: madre, esposa y ama de casa. Tras morir Franco en 1975, España entró en una época de transición hacia la democracia y la libertad. En cierto sentido, España pasó del prefeminismo al posfeminismo sin haber tenido una verdadera revolución feminista como otros países occidentales. Por eso, las actitudes sexistas sobreviven en una época en que las mujeres están adquiriendo una buena dosis de libertad e igualdad.

Hablan los críticos y los directores

«No hay aquí fémina débil que sucumba, aunque siempre parezcan a punto de caer rendidas *(give up)*. El suicidio como salida romántica pasa por sus cabezas, pero ante ellas se impone una necesidad vital de lucha *(struggle)* que es más fuerte. Son amazonas en la jungla de asfalto y con toda seguridad chicas que sobrevivirán....»

— *Cartelmanía,* junio 1998.

«A mí me recuerda muchísimo en su planteamiento argumental *Como casarse con un millonario*. El ambiente del apartamento absurdamente luminoso, las plantas de la terraza de un verdor casi sintético, la cocina de *Home and Garden* y sobre todo las chicas modernas pero ingenuas, pendientes de que las quieran, las cuiden y les hagan caso. Irreales e incompletas. Carmen Maura es como Doris Day en moreno y en posmoderno.»

— María Asunción Balonga en *El cine de la democracia,*
J. M. Caparros, editor (Barcelona: Anthropos, 1992), p. 323.

«Ironizo sobre el bienestar en que viven estas mujeres, sus relaciones con los hombres. Muestro una sociedad amable y humanizada para que el espectador se identifique con estas pobres chicas.»

— Pedro Almodóvar en *El cine de la democracia,*
J. M. Caparros, editor (Barcelona: Anthropos, 1992), p. 322.

«La mujer sabe que necesita del amor para seguir respirando y está dispuesta a defenderlo como sea. Porque en una eterna guerra todas las armas están permitidas.»

— Pedro Almodóvar en *El cine de la democracia,*
J. M. Caparros, editor (Barcelona: Anthropos, 1992), p. 323.

Y ahora, usted ¿qué piensa de estas opiniones? ¿Por qué es o no es feminista la película?

CAPÍTULO 18

Todo sobre mi madre

Presentación de la película: Para celebrar su cumpleaños número diecisiete, Esteban y su madre Manuela van al teatro para ver *Un tranvía llamado Deseo (A Streetcar Named Desire)* de Tennessee Williams. El mayor deseo de Esteban es conocer a su padre, del que no sabe nada. Manuela le promete contarle todo sobre él cuando lleguen a casa, pero Esteban muere atropellado *(run over)* por un coche al tratar de conseguir un autógrafo de la gran actriz Huma Roja. Hace dieciocho años, Manuela llegó a Madrid huyendo *(running away)* de su marido; ahora vuelve a Barcelona en su busca...

*Todo sobre mi madre, del famoso director español Pedro Almodóvar (ver el Capítulo 17), ha recibido numerosos premios internacionales, incluso el Óscar y el Golden Globe a la mejor película extranjera (2000).

*Cecilia Roth hace el papel de Manuela, el personaje central de la película. Nació en Argentina y pasó los años de su formación artística como exiliada en España. Allí comenzó su carrera de actriz en películas de Pedro Almodóvar y otros directores. Al terminarse la dictadura militar en Argentina, Roth volvió a su país, donde trabajó con éxito en el cine, el teatro y la televisión. En 1977 recibió el premio Goya a la mejor actriz por su actuación en *Martín (Hache)* del director argentino Adolfo Aristarain. Tras el éxito internacional de *Todo sobre mi madre*, Roth apareció junto a Javier Bardem en la película española *Segunda Piel* (2000).

*Después de ganar fama internacional por su trabajo en *Belle Epoque* (ver el Capítulo 15) y *Todo sobre mi madre,* Penélope Cruz ha protagonizado una serie de películas norteamericanas: *All the Pretty Horses* (con Matt Damon, 2000), *Blow* (con Johnny Depp, 2001) y *Vanilla Sky* (de Cameron Crow, 2001).

*En la película se hace referencia a *Eva al desnudo* (*All about Eve*, 1950), la clásica película de Joseph Mankiewicz que cuenta la historia de Eva Harrington, una joven ambiciosa que reemplaza *(supplants)* a una actriz veterana.

Preparación

Vocabulario preliminar

Cognados

el alcohol	maravilloso(a)	la silicona
auténtico(a)	el órgano	el transplante
el autógrafo	los resultados	el virus

Profesiones

el actor (la actriz)	*actor (actress)*
el/la asistente personal	*personal assistant*
el/la camionero(a)	*truck driver*
el/la cocinero(a)	*cook*
el/la enfermero(a)	*nurse*
el/la escritor(a)	*writer*
el/la médico(a)	*doctor*
la monja	*nun*

En el hospital

el análisis	*(medical) test*
el caso	*case*
el corazón	*heart*
la donación (el/la donante)	*donation (donor)*
el embarazo (embarazada)	*pregnancy (pregnant)*
negativizar	*to neutralize (e.g., a virus)*
la sangre	*blood*
seropositivo(a) (con el VIH)	*(HIV) positive*
el sida	*AIDS*

La drogadicción

el caballo	*(colloquial, Spain) heroin*
el chino	*(colloquial, Spain) lump, piece (of hashish)*
desintoxicarse	*to undergo detoxification*
enganchado(a)	*hooked*
fumar(se)	*to smoke*

Otras palabras

atropellar	*to knock down, run over*
la bondad	*kindness*
confiar en	*to trust; to rely or depend on*
el/la desconocido(a)	*stranger*
huir (de)	*to escape, run away (from)*
el marido	*husband*
ocultar	*to hide*
la paliza	*beating*
el travesti	*transvestite, cross-dresser*

A. Profesiones. Dé el nombre de una o más personas famosas para cada categoría, si puede. ¿Cuáles son las ventajas y desventajas de cada profesión? Explique.

1. actor (actriz)

2. asistente personal

3. camionero(a)

4. cocinero(a)

5. enfermero(a)

6. escritor(a)

7. médico(a)

8. monja

B. ¿Cuál es? Indique con un círculo la palabra que no pertenece al grupo y explique por qué.

1. la silicona   el transexual   maravilloso   el travesti

2. el autógrafo   el análisis   los resultados   el embarazo

3. el caballo   el chino   el marido   fumarse

4. el órgano   la donación   el transplante   huir

5. seropositivo   atropellar   el sida   el virus

6. el corazón   la sangre   auténtico   el caso

7. desintoxicarse   el alcohol   enganchado   negativizar

C. Padres e hijos. Complete las oraciones de manera lógica con una palabra de las listas.

1. Los padres les dicen a los niños que no hablen con _____ porque no se

   puede _____ ellos.

2. A veces un niño recibe una _____ a manos de otro niño en la escuela.

3. Los niños pueden ser crueles y los padres tratan de enseñarles la importancia

   de la _____.

4. Hay ciertas cosas que los padres les _____ a los niños porque creen que no

   entenderán la verdad.

Antes de ver la película

A. Relaciones personales

1. ¿Cómo se lleva *(get along)* o llevaba usted con sus padres? ¿Ha deseado alguna vez que sus padres fueran otras personas?

2. ¿A usted le han ocultado alguna vez algo muy importante que lo (la) afectaba? ¿Cómo se sintió cuando se enteró *(found out)?*

3. ¿A usted le han hecho alguna vez una ofensa que consideraba imperdonable? ¿Pudo perdonar por fin a esa persona? Si es así, ¿cómo se sintió después? Si no es así, ¿le gustaría poder hacerlo?

4. ¿Ha confiado usted alguna vez en la bondad de un(a) desconocido(a)? ¿Cómo lo (la) ayudó esa persona?

B. Los personajes. Mire los nombres de los siguientes personajes. Después de ver la película, explique las relaciones entre los personajes: de parentesco *(relationship)*, amistad *(friendship)*, de trabajo, amorosas...

Agrado

Esteban

Huma Roja

Lola

Mamen

Manuela

Mario

Nina

Rosa

Note:
Your instructor may ask you to read over the questions in the section **Exploración** before you see the film, in order to improve your understanding of it.

Investigación

Busque información sobre uno de los temas que siguen.[*]

1. Barcelona

2. la Sagrada Familia (catedral de Antoni Gaudí)

3. el idioma catalán

4. España después de la dictadura *(dictatorship)* de Francisco Franco

---

[*] The **Investigación** sections suggest topics related to the movie that you may want to find out more about. Your instructor may assign these to individuals or groups and have them report the information to the class.

Exploración

A. ¿Quién es quién? ¿Con qué personaje, o personajes, se asocian las siguientes profesiones, adicciones y enfermedades? Explique.

1. el actor, la actriz

2. el/la asistente personal

3. el/la camionero(a)

4. el/la cocinero(a)

5. el/la enfermero(a)

6. el/la escritor(a)

7. la monja

8. el/la pintor(a)

9. la prostituta

10. el alcohol

11. el hachís

12. el caballo

13. el tabaco

14. las complicaciones del embarazo

15. el sida

B. Lola

1. ¿Cuál es la historia de Lola y Manuela?

2. ¿Qué pasó entre Lola y Agrado?

3. ¿Qué pasó entre Lola y Rosa?

4. ¿Quiénes son los tres Estébanes?

5. ¿Qué pasa entre Lola y Manuela al final de la película?

C. Los viajes de Manuela. Explique el motivo de los viajes de Manuela. ¿Por qué va...

1. de Madrid a La Coruña?

2. de Madrid a Barcelona?

3. de Barcelona a Madrid?

4. de Madrid a Barcelona otra vez?

Análisis y contraste cultural

Vocabulario

El teatro

el/la aficionado(a) (de aficionados)	*fan (amateur)*
el altavoz	*loudspeaker*
el camerino	*dressing room*
el espectáculo	*show*
el éxito	*success*
la función	*performance, show*
hacer de	*to play the part of (e.g., a character)*
el papel (hacer un papel)	*role (to play a role)*
suspender	*to cancel*
sustituir	*to replace; to stand in for*

Otras palabras

el/la bruto(a) (bruto[a])	*brute (ignorant, stupid; rude)*
coger	*to take; to catch**
conducir	*to drive (Spain)*
contar (ue)	*to tell*
cuidar	*to take care of*
despedirse (i)	*to say goodbye*
enterarse	*to find out*
instalarse	*to move in*
Lo siento.	*I'm sorry.*
molestar (molestarse)	*to disturb (to bother, trouble oneself; to get upset)*
pedir perdón	*to ask for forgiveness*
Perdón.	*Excuse me.*
perdonar	*to forgive*
preocupado(a)	*worried*
prometer	*to promise*

---

* This word has a vulgar meaning in many parts of Latin America.

Otras palabras (continuación)

quienquiera   *whoever*
la vida   *life*

A. Asistente personal. Complete el párrafo con palabras de la lista.

aficionados	cuenta
altavoces	espectáculo
bruto	hacía
camerino	preocupada
conducir	quienquiera

Después de ver *Un tranvía llamado Deseo* en Barcelona, Manuela se dirige al (1) _____

de Huma Roja cuando ve a Nina salir corriendo del teatro. Manuela le (2) _____ a

Huma que Nina se ha ido. Huma se pone muy (3) _____ y le pregunta a Manuela

si sabe (4) _____. Las dos mujeres consiguen un coche y van en busca de Nina.

Huma le repite a Manuela las famosas palabras de Blanche DuBois: «Gracias. (5)_____

que seas, siempre he confiado en la bondad de los desconocidos.» Así Manuela empieza a tra-

bajar para Huma como asistente personal. En el camerino de Huma, Manuela escucha el

(6) _____ por los (7) _____ . De joven ella (8) _____ de

Stella en una producción de (9) _____. Allí conoció a su marido, que hacía el papel

del (10) _____ Stanley Kowalski.

B. Enfermera otra vez. Complete el párrafo con palabras de la lista.

cuidar	papel	siento
despedirse	perdón	suspender
éxito	promete	sustituye
función	se entera	vida
instalado	se molesta	

Un día Nina está tan drogada que no puede actuar. Parece que habrá que (1)_____

la (2) _____, pero Manuela (3) _____ a Nina y hace muy bien el

(4) _____ de Stella. Su actuación es un gran (5) _____. Nina

(6) _____ cuando (7) _____ de lo ocurrido y parece que Manuela ha

perdido su trabajo. El día siguiente Huma va a la casa de Manuela para pagarle y para pedirle

(8) _____. Quiere que Manuela siga como su asistente personal, pero Manuela

tiene que (9) _____ a Rosa, quien se ha (10) _____ en su casa. En el

hospital Manuela (11) _____ que no le ocultará nada al niño si algo le pasa a Rosa.

En el cementerio, Manuela le informa a Lola de la existencia y muerte de su hijo Esteban.

«Vine a Barcelona sólo para decírtelo. Lo (12)_____», le dice. Manuela vuelve a

Madrid con el pequeño Esteban sin (13) _____ de Agrado y Huma.

La (14) _____ con los abuelos del niño se ha hecho insoportable *(unbearable)*.

Nota culturales

Cuando Agrado necesita asistencia médica durante la noche, Manuela la lleva a una farmacia de guardia *(duty pharmacy)*. En España, las farmacias se turnan para atender a la gente durante la noche y los días festivos. Agrado saluda al farmacéutico con «bona nit» (buenas noches) porque en Barcelona y el resto de Cataluña se habla catalán. En La Coruña (Galicia), la ciudad adonde va Manuela para ver al receptor del corazón de Esteban, se habla gallego.

Huma ensaya *(rehearses)* una escena de *Yerma*, un drama del gran poeta y dramaturgo español Federico García Lorca (1898-1936).

Manuela habla del antiguo dictador militar de Argentina, Jorge Rafael Videla (Manuela y Lola son argentinas). Videla fue condenado a reclusión perpetua *(life in prison)* por crímenes contra la humanidad en 1985 e indultado *(pardoned)* en 1990. Fue detenido *(arrested)* nuevamente en 1998 por el sistemático secuestro *(kidnapping)* y adopción ilegal de los niños de las prisioneras políticas durante la dictadura (1976-1983). (Ver *La historia oficial,* Capítulo 9.)

Temas de conversación o composición

Discuta con sus compañeros los temas que siguen.*

1. la bondad de los desconocidos (¿Qué personajes ayudan a gente desconocida? ¿Qué personajes reciben ayuda de gente desconocida?)

2. la verdad oculta (¿Por qué le oculta Manuela la verdad a Esteban? ¿Por qué no quiere Rosa que se oculte la verdad a su hijo? ¿Por qué le oculta Rosa la verdad a su madre? ¿Por qué no quiere la madre de Rosa que se sepa la verdad sobre el embarazo de su hija y los anticuerpos de su nieto?)

3. la maternidad (¿Cómo se llevan Manuela y Esteban? ¿Rosa y su madre? ¿A qué personajes sirve Manuela como figura materna? ¿y Mamen? ¿y Agrado? ¿y la madre de Rosa? ¿y Huma? ¿Le gustaría tener una madre como Manuela? Según su opinión, ¿hay hombres que quieren ser madres?)

4. el cine, el teatro y la vida (¿Cuál es la relación entre la acción de *Todo sobre mi madre* y las escenas de *Eva al desnudo, Un tranvía llamado Deseo* y *Yerma*? ¿Hay personajes que actúan aun cuando no están sobre un escenario *(stage)* o delante de una cámara? ¿Le parece que la mentira puede ser más atractiva que la verdad? ¿incluso más auténtica?)

5. la intolerancia (¿Qué personajes son víctimas de la intolerancia? ¿Qué personajes se muestran tolerantes? ¿intolerantes? ¿Cómo se manifiestan su tolerancia o intolerancia? ¿Cómo interpreta usted las rejas *(bars)* de la farmacia que separan a Manuela y Agrado del farmacéutico?)

6. el sida, la droga y el sexo (¿Cómo contrajo el virus Lola? ¿la hermana Rosa? ¿el hijo de Rosa? ¿Qué les pasa a los tres? ¿Qué ideas equivocadas tiene la madre de Rosa sobre la transmisión del virus?)

7. el perdón (¿Quiénes perdonan a quiénes? ¿Cuáles son las ofensas perdonadas? Si usted estuviera en la misma situación, ¿perdonaría o no? Para usted, ¿hay ofensas imperdonables?)

8. el personaje de Agrado (¿Cómo es Agrado? ¿Se la presenta como persona ordinaria o extraordinaria? ¿Por qué se puso ese nombre? ¿Por qué decide cambiar de profesión? ¿Le parece a usted que piensa y actúa como mujer o como hombre? ¿Cuál es la reacción del público ante su monólogo en el teatro? ¿Cuál es la reacción de usted?)

9. el melodrama (Comente los elementos intencionalmente melodramáticos de *Todo sobre mi madre*: acumulación de calamidades, mentiras, coincidencias improbables. Según su opinión, ¿funciona la película? ¿trasciende el melodrama? Explique.)

---

* Your instructor may ask you to report back to the class or write a paragraph about one of the topics.

Una escena memorable

¿Por qué lleva Rosa a Manuela a conocer a su madre? ¿Cuál es la reacción de su madre? ¿Qué pasa más tarde entre Manuela y la madre de Rosa?

Hablan los personajes

Analice las siguientes citas, explique de quién son y póngalas en contexto. (Para una lista de los personajes, ver el Ejercicio B, en la sección «Antes de ver la película».)

1. «El éxito no tiene sabor ni olor y cuando te acostumbras es como si no existiera.»

2. «Ese perro se va con cualquiera.»

3. «No me atrevo a decirle la verdad. Tampoco la entendería.»

4. «Prométeme que no le ocultarás nada al niño.»

5. «Sé mentir muy bien, y estoy acostumbrada a improvisar.»

6. «Una es más auténtica cuanto más se parece a lo que ha soñado de sí misma.»

7. «A los padres no se les elige. Son los que son.»

8. «Tú no eres un ser humano..., eres una epidemia.»

9. «Tengo que hacerle comprender... que no me importa quién sea ni cómo sea ni cómo se portó *(behaved)* con ella. No puede quitarme ese derecho.»

10. «¿Ese monstruo es el que ha matado a mi hija?»

Hablando de la cultura...

Comente los medios de transporte que se usan en la película. ¿En qué viaja Manuela entre Madrid y Barcelona? ¿Cómo se desplazan los personajes por la ciudad? ¿Hay personajes que no tienen auto? ¿que no saben manejar? ¿Sería diferente si ésta fuera una película norteamericana?

¿En qué tipo de vivienda viven Manuela y Esteban en Madrid? ¿Manuela y los padres de Rosa en Barcelona? Si la acción de esta película tuviera lugar en una gran ciudad norteamericana o canadiense, ¿serían similares o diferentes las viviendas?

Hablan los críticos y los directores

Roger Ebert afirma que "Self-parody is part of Almodóvar's approach, but *All About My Mother* is also sincere and heartfelt; though two of its characters are transvestite hookers, one is a pregnant nun and two more are battling lesbians, this is a film that paradoxically expresses family values."

http://www.suntimes.com/ebert/ebert_reviews/1999/12/122201.html

¿Cree usted que la película expresa valores familiares? Explique.

Leonel Delgado Aburto dice de Manuela: «La madre móvil, angélica, apegada a *(close to)* la tierra (Manuela siempre viaja por vía terrestre), aceptadora, vital y moderna, es casi un sueño de revista femenina. Pero es también el trasvase *(transfer)* para un futuro más aceptable.»

http://www.geocities.com/Paris/Villa/2989/todo.html

¿Le parece exacta esta descripción de Manuela? ¿Cuál es su contribución a un futuro mejor?